- EVIL JOKES -

SEASON 1

Imprint

EVIL JOKES

- Das satirische Witzebuch für Erwachsene -

created by
Wes Moriarty
Moriarty-Self-Publishing

Copyright: © 2019 Wes Moriarty

Herstellung und Verlag:
BoD – Books on Demand, Norderstedt

ISBN 9783-75042-5262

FSC
www.fsc.org

MIX
Papier aus verantwortungsvollen Quellen
Paper from responsible sources
FSC® C105338

Moriarty-Self-Publishing

Weitere gesundheitliche und rechtliche Hinweise:

Gewaltdarstellung	
Schimpfwörter / Beleidigungen	
Diskriminierung / Diffamierung	
Sexuelle Inhalte / Anstößigkeiten	
Verstörende / Angstfördernde Inhalte	

Die soeben genannten Hinweise bieten keine Rechtsgrundlage für etwaige Ansprüche wie Schadensersatz, Rücknahmen eines oder mehrerer erworbener Werke oder Kaufpreisrückerstattungen jedweder Art und Umfang. Weiterhin sind die Inhalte dieses Werkes urheberrechtlich geschützt und erlauben ohne schriftliche Genehmigung des Urhebers keine öffentliche Lesung/Vorführung, Übersetzung, Speicherung, Vervielfältigung und/oder öffentliche Zugänglichmachung jedweder Art und Form. Urheber und Herausgeber übernehmen keine Haftung für Schäden an Personen, Sachen oder Vermögen, die aufgrund von Informationen, welche durch dieses Werk bereitgestellt werden, direkt oder indirekt entstehen.

Werkspezifische Anmerkungen und Appell:

Humor ist mannigfaltig. Die einen lachen über Katzen-Videos, wieder andere über Menschen, die von einer Leiter fallen. Was lustig ist, wann man lachen darf oder wieso, ist eine Freiheit, die jedem Menschen innewohnt. Lachen verbindet Menschen auf der ganzen Welt. Es ist unparteiisch - durchbricht oftmals selbstauferlegte Barrieren. Witze regen dazu nicht selten zu Diskussionen an - eröffnen uns neue, individuelle Perspektiven. Sie sind auch ein oftmals eingesetztes Stilmittel für offene Kritik. Manchmal provozierend, nicht selten polarisierend, beziehen sie kurzweilig und selbstzweckhaft Position, ohne wirklichen Schaden verursachen zu wollen und begeistern dabei die Massen. Es wäre somit falsch, über irgendwen oder irgendwas keine Witze zu machen, um Missstände in der Gesellschaft aufzudecken. Lachen ist gesund und ein elementarer Bestandteil einer jeden / unserer Kultur. Unterstützen Sie diese, unsere Freiheit und urteilen Sie nicht zu vorschnell.

Widmung

Ich widme dieses Buch allen

Bekloppten, betroffenen und ungetroffenen, angesprochenen und unausgesprochenen Witzbolden und Humorlosen, sowohl inländischen und ausländischen Narren und Närrinnen, Kuckucks-Kindern und männlichen/weiblichen/diversen Fremdschäm-Charakteren, Heilpraktikern, Priesterinnen und Priestern, Gottesfürchtigen und Gottlosen als auch sexuell un- wie umorientierten Rekapitulierten sowie Transgender-Transistoren, Monteuren für Heizungstechnik, Judi-, Legislativ- und Exekutiv-Gewalten, dem Detlef, Fastfood-Mitarbeitern, dem Hund und der hohen Kammer aus John Wick, allen regulären und irregulären Ramses-Anhängern, der öffentlichen Vergewaltung, insbesondere dem Sandmännchen, allen potentiellen Nicht-Arbeitgebern, Verrückten und geistig Privilegierten, radikal Versäumten und Besoffenen, wie auch Beschnittenen und Geritzten (sucht euch bitte Hilfe), Kuschel-Rock-Hörern und anderen Musik-Minderheiten sowie regulären und irrregulären Verhaltensträgern, Voll- wie Teilzeit-Idioten und natürlich ganz besonders mir selbst...

- Danke für viele liebevolle gemeinsame Jahre -
Ihr lebt in uns allen

Vielen Dank und gute Unterhaltung
wünscht

Inhaltsverzeichnis

EVIL JOKES

Zum Buch

Lachen Sie manchmal, obwohl Sie denken, vielleicht nicht lachen zu dürfen? Sitzen auch Sie manchmal inmitten einer solidarischen Gemeinschaft von friedfertigen Menschen? Stillschweigend, durch ihr Umfeld nachdenklich gestimmt, und spüren dieses unbändige Verlangen, dieser erdrückenden Situation entfliehen oder sie gar retten zu wollen? Beispielsweise während der Beerdigung eines Angehörigen oder während eines gemeinsamen Flugzeugabsturzes? Fragen Sie sich womöglich gerade auch, ob das nicht irgendwie das Gleiche ist?

Sie haben die Schnauze voll von Fritzchen und seiner Oma? Ihnen hängen banale Blondinen-Witze zum Hals heraus und Sie stehen wieder einmal kurz vorm „sich übergeben", wenn Sie einmal mehr Pointen wie: »Worin betrinkt sich eine Mücke? In Sekt.« oder »Treffen sich zwei Päpste... « hören? Weichgespülter Mainstream-Humor bietet Ihnen einfach keine richtigen Überraschungsmomente mehr? Sie empfinden ihn als platt, ausgelutscht oder sterbens-langweilig? Alles schon hundertmal irgendwo und irgendwie gehört oder selbst erzählt, weil einem einfach nix Neues einfällt oder das Umfeld auf nix anderes mehr anspringt?

Dann frage ich Sie hier und jetzt: Dürstet es Sie nach mehr? Fühlen Sie sich ggfs. für eine andere Art von Humor berufen? Werden Sie öfter mal von der dunklen Seite heimgesucht, von ihr angezogen und wollen der Versuchung nicht länger wiederstehen? Wären Sie hierzu bereit, in den Abgrund hinunterzusteigen und jenen Pointen zu lauschen, die Ihren eigenen

4

moralischen Kompass und Ihre Sinne kurzzeitig aus den Ankern hieven?

Dann ist „Evil Jokes" womöglich genau das richtige Buch für Sie. Dieses Buch ist garantiert nichts für Weicheier, Gutmenschen, Moral-Apostel oder Menschen, die in allem immer mehr sehen als tatsächlich da ist. Dieses Buch geht stellenweise weiter als Sie es sich aktuell vorstellen oder womöglich gerade auch zumuten können. Dieses Buch lässt keine Gemeinheit gegenüber Vorurteilen, Menschengruppen oder ideologischen Ansichten aus, zieht keine Grenzen vor gutem Geschmack und feuert schonungslos ein Dauer-Feuerwerk des wahrhaft bissigsten, schwärzesten Humors der modernen Zeitgeschichte ab.

Sollten Sie sich zwischenzeitlich fragen: „War dieser beinahe unkontrollierbare, spontane Ausbruch einer euphorischen, emotionalen Kurz-Reaktion jetzt angemessen?", dann stoppen Sie bitte kurzzeitig Ihre Denkprozesse und lachen Sie! Lachen Sie bitte gerne und rechtfertigen Sie sich nicht dafür! Denn das ist „Evil Jokes". Ihr persönlicher Wegbereiter zu einer herausfordernden und oftmals nur in Geheimbünden praktizierten, seltenen Kunstform. Eine Kunstform mit eigenem Charme und Scham. Ein unvergessliches Erlebnis in allen Lebenslagen. Ob in den eigenen vier Wänden oder in fremden Kellern. Ob alleine oder im Rudel. Unterhaltung auf niedrigstem Niveau und garantiert anstandslos. „Evil Jokes". Das satirische Witzebuch für Erwachsene.

Mehr wird und will dieses Buch nicht sein.

Die „Evil Jokes" Reihe richtet sich an Personen mit speziellen humoristischen Neigungen. Speziell dahingehend, da diese Neigungen oder die Empfänglichkeit für diese Form der Kunst nicht von jedem Menschen akzeptiert oder nachvollzogen werden kann. Sie dürfen sich also glücklich schätzen. Da Sie dieses Buch entweder gekauft, geliehen oder geschenkt bekommen haben oder einfach nur die banale Tatsache, dass Sie es gerade lesen... mindestens ein Mensch auf dieser Erde, auch wenn Sie dieser Mensch selbst sein sollten, hält Sie für etwas Besonderes. Und das sind Sie. In jedem Lebensabschnitt, zu jeder Zeit und in jeder Situation. Dies darf und kann Ihnen keiner nehmen. Die „Evil Jokes"-Reihe wird Ihr Leben nicht verändern, aber es wird Ihr Leben um neue Erfahrungen bereichern. Lernen Sie mehr über sich selbst. Ihre persönlichen Neigungen. Ihre Grenzen. Wie Sie die Welt sehen und die Welt Sie sehen könnte. Ihre Freunde, Verwandte oder das Establishment. „Evil Jokes" ist der Beginn einer Reise in Ihr innerstes Selbst. Verborgen vor den Augen Dritter lädt diese Reihe Sie zu einer Odyssee, hin, zu den steinigsten Kanten Ihrer Persönlichkeit(en) ein. Teilen und vergleichen Sie Ihre Erkenntnisse aus diesem Buch mit Menschen denen Sie diese Reise ebenfalls zutrauen. Zeigen Sie der Welt, dass Sie und auch Ihre Mitmenschen etwas Besonderes sind, weil Sie es wollen und nicht, weil es Ihnen jemand gesagt hat. Ich sage es Ihnen jetzt gerade trotzdem. Humor ist nicht nur, wenn man trotzdem lacht. Sondern auch das, was du daraus machst. Teilen Sie ihn!

Zum Autor

Wes Moriarty, 1984 in Remagen, Deutschland, geboren, schloss 2015 seine akademische Laufbahn als M.Sc. an der University of Applied Science in Koblenz ab und veröffentlicht seit 2006 verschiedene Kurzfilm- und Literaturprojekte. Nach seinen gesellschaftskritischen Romanen „Four Letters" und „Natural Instincts" beschritt der Autor 2019 mit „Evil Jokes" für ihn künstlerisches Neuland.

»Meine Werke sollen in erster Linie immer eins: Unterhaltung bieten, dabei ein Stück weit provozieren, aber eben damit auch zum Nachdenken anregen. Meine Absichten und Inhalte stoßen dabei nicht immer auf ein positives Echo. Aber so ist das eben. Es gibt so viele Themen, wo die Menschen einfach wegsehen - weil sie die Hintergründe nicht verstehen oder weil sie glauben, dass es sie nichts angeht. Sie urteilen dann oft vorschnell und unüberlegt. Heutzutage wird es immer schwieriger sich eine eigene Meinung zu bilden - der Versuchung zu widerstehen, aus Bequemlichkeit nicht doch auf den einen oder anderen Zug eines fremden, bereits (un-)vollendeten Gedankenguts aufzuspringen... aber ich versuche es weiter. Ich will, dass Sie selbstständig denken und urteilen. Möglichst vorurteilsfrei.«

Wes Moriarty, Autor

Vorwort der Moral

»Oft lachen wir, obwohl wir weinen wollen.«
»Oft weinen wir, obwohl wir lachen sollten.«
Wes Moriarty, 07.07.2019

Warum eröffne ich ein Vorwort zu einem Witzebuch mit solch nachdenklich stimmenden Worten? Soll das vielleicht witzig sein? Nein. Ich tue das, weil es mir wichtig ist, dass Sie mich und meine Motive für dieses Buch ansatzweise verstehen. Bevor das Feuerwerk des humoristischen Armageddon entfesselt wird, möchte ich Ihnen sagen, worum es geht, aber auch gehen könnte. Dies ist abhängig von der Perspektive, die Sie, der Leser, einnehmen.

Schwarzer Humor ist seit Jahrhunderten ein Phänomen für sich. Kurzweilig und in den richtigen Händen fungiert er oft als wirkungsvoller Stimmungsbringer. In einem falschen Umfeld oder in den falschen Händen jedoch, kann er ein gefährlicher Stimmungskiller sein. Haben Sie das schon einmal selbst erlebt? Diese peinliche Stille, die einen erdrückt, wenn die Pointe eines Witzes nicht zündet oder diese öffentlich als „nicht witzig" abgewertet wird. Ein unbehagliches Gefühls-Gulasch aus Scham und Peinlichkeit macht sich unter allen Beteiligten breit. Der Drang, sich und die Situation retten oder sich erklären zu wollen, nimmt bei allen immer weiter zu. Doch oft bleiben wir in der eigenen Hemmung gefangen, aus Angst, es womöglich am Ende noch schlimmer zu machen. Anhänger des schwarzen Humors kennen solche Situationen womöglich nur allzu gut. Ein Risiko, mit dem man sich längst hinter verschlossenen Türen arrangiert hat. Schwarzer Humor ist halt nicht jedermanns Sache. Jeder Versuch, ihn jemanden aufzwingen zu wollen, scheitert stets kläglich und bewirkt nicht selten Gegenteiliges. Aber woran liegt das?

Ganz einfach: An jedem Einzelnen selbst und dem Kulturkreis, in dem man seinen Platz gefunden hat. Wenn man die Kunst des schwarzen Humors für sich oder Andere nutzen möchte, sollte die Befähigung zur Aufgeschlossenheit zumindest bei seinem Gegenüber vorab gesucht und bestenfalls schon gefunden sein. Ein bestimmter Typ Mensch ist, salopp gesagt, einfach für diese Kunstform des Humors zwingend erforderlich. Empfänglich sein, für das Unbekannte, offen für das weniger Vertraute. Tolerant gegenüber Neuem, die Bereitschaft, womöglich etwas Unaussprechliches ertragen zu können. Doch vor allem zählt Eines: Sender und Empfänger müssen Humor stets mit Humor begegnen. Dort, wo der sechs Meter lange Stock auf der rückwärtigen Seite eines Körpers schon auf sechs Kilometern Entfernung über sechs Zentimeter aus einem Anus hinausragt, sollte diese spezielle Kunst der Belustigung weite Bögen ziehen. Sie laufen Gefahr, jenen Stock durch Ihr eigenes Gesicht gezogen zu bekommen.

Schwarzer Humor ist eben kein unter Druck stehender Wasserschlauch, den jeder einfach nach Belieben im Garten aufdrehen und bei allen gesellschaftlichen Anlässen frei Schnauze auf die Welt niederregnen lassen kann - nur um möglichst jeden Grashalm irgendwie anzuspritzen. Nein. Schwarzer Humor ist eine kleine Atombombe im Handtaschenformat, und ein Skalpell zugleich. Etwas, das gezielt in oft zweifelhaften Situationen eingesetzt werden kann, die durchrüttelnde Wirkung dabei nicht immer direkt absehbar ist, das Ergebnis aber bei jedem - auf die eine oder andere Art - tief unter die Haut gehen soll.

Etwas, bei dem selbst der Teufel den kleinen Jesus einfach mal lachend zur Seite ziehen könnte und beide, gemeinsam händchenhaltend, über das Gute und Böse der Welt philosophieren könnten. Oha, habe ich gerade womöglich zwischen beiden Persönlichkeiten (egal ob fiktiv oder nicht) womöglich eine homosexuelle Beziehung angedeutet? Ist dieser Satz jetzt irgendwie blasphemisch? Die Frage ist durchaus berechtigt. Bedarf sie nun aber im nächsten Schritt wirklich einer juristischen Prüfung oder gar ernstgemeinten Antwort? Für den Einen lautet das Urteil vermutlich „Ja" (legen Sie das Buch übrigens nun weg!), für den Großteil der modernen Welt höchstwahrscheinlich „Nein". Aber so ist das eben mit der Meinungsfreiheit. Ich habe sie. Sie haben Sie. Wir haben sie. Und sie darf, insbesondere unter dem Aspekt einer künstlerisch-kritischen Aufbereitung, zu keinem Zeitpunkt einer Zensur unterworfen werden, da sie sonst ihrem Zweck und ihrer Wirkung beraubt wird. Oftmals wird schwarzer Humor aber genau wegen derartiger, bestehender Ängste nur unter einem kleinen Teil von Gleichgesinnten im Verborgenen ausgeübt und verbreitet. Mit vorgehaltener Hand, damit die Zweifler und Finger-Richter um Sie herum es nicht mitbekommen und Sie vorverurteilen. Ihnen wegen eines Witzes oder Ihre Reaktion auf einen solchen nicht direkt einen dicken Stempel „unerwünscht" auf die Stirn pressen. Ihr ganzes Leben oder Ihre Person auf diesen einen Moment reduzieren. Sie von nun an am liebsten für immer meiden möchten, weil Sie deren eigenem, individuellen Moral-Kodex nicht entsprechen. Schwarzer Humor ist somit mit gewissen, nicht zu vernachlässigen Gefahrenpotentialen behaftet. Ein Umstand, der zum Weinen anregt, worüber man am Ende eigentlich doch nur Lachen sollte.

»Bin ich denn nun ein schlechter Mensch, weil ich über etwas lache, was eigentlich etwas Trauriges ist?«

Ich sage: Das kommt drauf an. Darauf, was Sie mit dem Erlebten verbinden und für sich ableiten. Wie Sie das Erlebte mit Ihrem inneren, ganz individuellen Wertesystem vereinbaren und damit umgehen. Einfach ausgedrückt: Ob Sie beispielsweise bei einem makabren Witz über den Nationalsozialismus der 1940er Jahre aufgrund des schockierenden Überraschungsmomentes nur kurz auflachen oder Sie daraus eine eigene Ideologie für sich ableiten und von nun an Fahnenschwingend und mit populistischen Parolen lauthals durch die Straßen ziehen wollen. Ich bezweifle, dass ein Witz über letztgenannte Hoheit verfügt und diese gegen Individuen auszuüben versucht. Über einen Menschen die Macht haben kann, alle zuvor vorhandenen Werte einfach wegzuspülen und einen Menschen von Grund auf neu zu formen. Ein Witz bleibt ein Witz. Alles andere wäre ein Witz, über den man Lachen und Weinen kann oder den man einfach ignorieren sollte.

Natürlich wird es immer jene geben, die sich einer Gruppe von Menschen angehörig fühlen oder es auch sind, die sich daran stören, dass aufgrund herrschender Vorurteile Witze auf ihre Kosten gemacht werden. Sich an Verbrechen der Vergangenheit oder Gegenwart erinnert sehen. Angegriffen und verletzt fühlen. Sich dabei oftmals auf den aktiven Tatbestand einer vorsätzlichen Beleidigung, Diskriminierung, blasphemischen Äußerung, Kränkung der Ehre oder Verleumdung gegenüber sich selbst, einer anderen Einzelperson oder einer ganzen Personengruppen stützen werden. Glauben, für jemanden Partei ergreifen zu müssen, um sich oder Andere zu schützen.

Handlungen, die an sich lobenswert und rechtschaffend sind, sich allerdings auch ihrer Grenzen bewusst sein sollten, wenn sie ihre Zielsetzung oder das Problem an sich aus den Augen verlieren.

Denn sind die eigentlichen Probleme nicht eben jene Vorurteile oder gar begangenen Verbrechen selbst? Die wahren Übel, die es zu bekämpfen gilt, als jene Witze, die sich ihrer nur bedienen? Jene Dinge, die vor der Entstehung eines Witzes bereits Bestand haben, um eine entsprechende Reaktion mittels einer Pointe überhaupt erst provozieren zu können? Und helfen uns Witze somit nicht indirekt dabei, uns dieser Vorurteile und Verbrechen stets von Neuem bewusst zu werden und unsere Einstellung zu diesen neu zu überdenken?

Ich finde schon. Ich finde, Witze, jedweder Art, verfügen über eine eigene, enorm vielfältige Sprachgewalt mit hoher Anziehungskraft. Verbunden mit einer eigenständigen und unberechenbaren Dynamik. Wo sonst findet man ein vergleichbares Phänomen, mit nur wenigen Worten die Aufmerksamkeit gezielt auf ein komplexeres Thema im Hintergrund zu lenken, Vorbehalte zu diesem Thema aufzubrechen oder zu umgehen, damit wir uns intensiver mit ihnen beschäftigen und auseinandersetzen müssen. Sei es, um den Witz oder die Botschaft in unterschiedlichen Formen weiterzutragen, über den Sinn zu philosophieren oder einfach nur, um gemeinsam zu Lachen. Das Leben ist oftmals ernst genug. Gönnen wir uns doch hin und wieder mal eine Auszeit und lassen uns gemeinsam nicht immer alles zu ernst nehmen. Danke.

Und nun viel Spass...

Orale Einführung

Sehen Sie dieses Kapitel als eine Art „Orientierungsphase" für sich selbst, mit dessen Hilfe Sie am Ende dieses Buches herausfinden können, welche Kategorie des schwarzen Humors Ihnen wie am ehesten zusagt. Hierbei stehen Ihnen nachfolgend „**The Crazy Twelve**" stellvertretend mit Rat und Tat zur Seite. Der jeweilige Charakter gibt Ihnen einen ersten Hinweis darüber, welcher Kategorie der Witz zugehörig ist, was das Leseerlebnis natürlich beeinflussen kann.* Jeder Witz kann direkt, Ihrem individuellen Empfinden nach, mittels einer Skala von 0 – 5 bewertet werden (1.). Ob der **Witz** bzw. die Pointe gut oder schlecht war können Sie direkt am Ende des Witzes ankreuzen (2.). Jedes Kapitel (Level) beinhaltet bis zu 25 Witze. Der Härtegrad der Witze nimmt mit steigender Level-Zahl i.d.R. immer weiter zu. Wenn Sie am Ende dieses Buches alle Level durchgestanden haben, besteht die Möglichkeit Ihre (Zwischen-)Ergebnisse für die Nachwelt festzuhalten und ganz am Ende **Ihr persönliches Humor-Profil** zu erstellen.

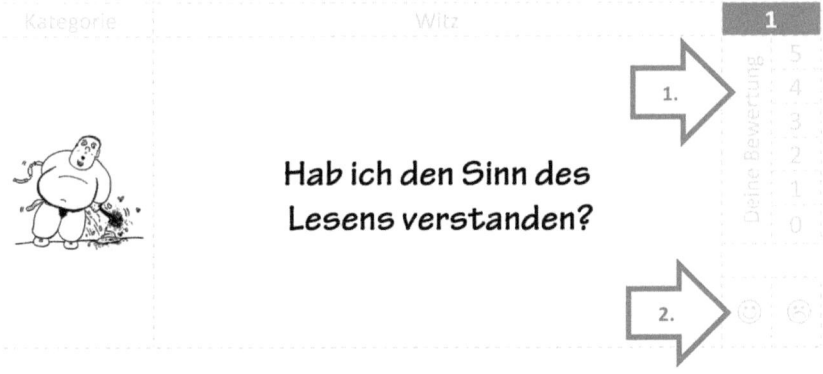

Hab ich den Sinn des
Lesens verstanden?

*Info: Die dargestellten Figuren sowie das System zur Ermittlung des persönlichen Humor-Profils sind fiktive Instrumente dieses Werkes und dienen dem Leser rein zur Orientierung. Inhaltliche Überschneidungen bzw. Abweichungen in den Kategorie-Zuordnungen sind möglich und nicht immer zu hundert Prozent zutreffend.

LOS GEHT'S...

The Crazy Twelve

Hank Lebwohl

Hank ist begeisterter Sammler von sterblichen Überresten frisch verschiedener Lebewesen aller Arten. Zur Körperertüchtigung zählt er Buddeln, Yoga mit (fremden) Gebeinen sowie das Weglaufen vor amtlichen Würdenträgern.

Sein Lebensmotto: „Ich fühle mich da lebendig, wo andere nichts mehr fühlen können. Nur das wieder Einpacken ist jedes Mal anstrengend."

Pedro Ungläubig

Pedro ist Priester in einem kamikazotistischen Domizil in Gnom-Hausen. Bei den erhobenen Anschuldigungen gegen ihn handelt sich um reine Missverständnisse, die von den Behörden schon sehr bald aufgeklärt werden. Hoffentlich.

Sein Lebensmotto: „Liebe jedes Leben jeden Morgen, Mittag und Abend. Auch wenn es „nein" sagt und sich gegen deine Liebe wehrt."

Petra Wahnwitz

Petra ist ein wahrer Menschenfreund, wie er in diesem Buche steht. Nach fünf gescheiterten Ehen zog es sie in eine öffentliche Einrichtung, wo sie seither Frohsinn, Güte und Blut spendet. Mit ihren 19 Jahren will sie ganz neu anfangen.

Ihr Lebensmotto: „Das wäre doch geritzt, wenn da in meiner Buddel kein Tropfen mehr für mich selbst drinnen wäre. Her mit der Klinge!"

The Crazy Twelve

Michael Mutig

Michael war einst erfolgreicher Stuntmen in einer berühmten Seifen-Oper. Nachdem er eine hässliche Kollegin heiratete, Vater von drei Kindern wurde, erlitt er einen Nervenzusammenbruch und ist seitdem von Schmerzmitteln und Mutproben vorm Arbeitsamt abhängig.

Sein Lebensmotto: „Ich wette, ich kann bis unendlich zählen. Zwei Mal. Da wette ich meinen rechten Hoden und deinen Job. Biste dabei?"

Dirk Hungrig

Dirk ist Millionär und leidenschaftlicher Hobby-Kannibale. Sein Vermögen verdankt er einer speziellen Rezeptur für seine hausgemachte Bio-Sonnenmilch, von dessen Herkunft er niemanden erzählt. Betriebsgeheimnis.

Sein Lebensmotto: „Ich presse ein bisschen, mach voll und dann Feierabend. Danach genehmige ich mir den Rest von den Kerlen... hm..."

Bernd Fröhlich

Bernd ist Terrorist auf Teilzeit-Basis. Er bringt daher kaum etwas zu Ende, da ihm schlichtweg immer die Zeit und dann die Opfer davonlaufen. Bernd hat vergessen was und wen er hasst, also hasst er momentan einfach alles und jeden. Bernd leidet seit 2 Jahren an Inkontinenz und gilt im Altersheim als wahre Sex-Bombe.

Sein Lebensmotto: „....9, 8, 6, 6... verdammt..."

The Crazy Twelve

Slim Jim

Slim Jim ist eine wahre Ikone in der Bademoden-Industrie und gilt als einflussreichstes Model der Slim-String-Linie der berühmten Designerin Rabatt Tourette. Aktuell leidet Jim an blinder Magersucht, was er mit verschiedenen Minderheit-Diäten zu überwinden versucht.

Sein Lebensmotto: „Helga?!? Ich glaub, mir hat wieder einer in die Bux geschissen... Dat liegt hier jetzt überall rum. Schweinerei. Helga?!? "

Felix Mängel

Felix schloss nach einer eher durchschnittlichen Metzger-Lehre ein Aufbaustudium zum Chirurgen ab. Trotz seiner Parkinson-Erkrankung gilt er als Experte für Aderlässe, suizidale Analpressuren sowie Diarrhoe-Durchlass-Studien.

Lebensmotto: „Unten rum bitte mal freimachen. Ich möchte Ihre Mandeln untersuchen. Und nein, das ist kein Messer in meiner Hand..."

Timo Nüchtern

Timo ist Alkoholiker, Narkoleptiker, Träger vieler, bisher noch unbekannter Krankheiten und hat einen IQ von -12. Aktuell ist er aufgrund seiner Qualifikation als Führungskraft im öffentlichen Dienst tätig. Aber das verpennt er oft.

Sein Lebensmotto: „Wie? Wir haben Montag? Eben war noch Freitag. Schreiben Sie bitte einen Vermerk dazu. Das kann ja wohl nicht sein."

The Crazy Twelve

Edgar Lösmich

Edgar ist Polizeibeamter, kurz vor Ende seiner Ausbildung. Er masturbiert vorzugsweise während allgemeinen Verkehrskontrollen vor Radarfallen und schickt alkoholisierte Autofahrerinnen gerne mal länger auf den Strich.

Sein Lebensmotto: „Unter 2 Promille dürfen Sie nicht weiterfahren. Einmal blasen, bitte! Und wenn was rauskommt, ist auch nicht schlimm."

Alfonso Irrweg

Alfonso hatte es im Leben als Schauspieler nie leicht. Erst verlor er wegen falschem Handzeichen im Straßenverkehr mit Mitte 50 seinen Führerschein. Dann wurde er von der Polizei aufgegriffen, als er wiedermal als Letzter in der Schlange versuchte, die Regierung zu stürzen.

Sein Lebensmotto: „Ich fühle mich missverstanden. Die haben was gegen mich, weil ich weiß bin. An meinem Äußeren kann es nicht liegen."

Karl Drecksack

Karl ist ein Wechselbalg. Ausgestattet mit Superkräften, setzt das Waisenkind alles daran, dem ganzen Planeten gehörig auf den Sack zu gehen. Der rothaarige Troll verstellt dabei auch gerne mal Denkmäler oder gar ganze Städte.

Sein Lebensmotto: „Erziehung ist 'ne Sache der Erwachsenen. Ich bin ein Kind. Gönnt mir also den Spass. Wo kann ich die Sphinx abstellen?"

LEVEL 1: Locker-Modus

Jesus muss Student gewesen sein.
Lange Haare, wohnte mit 30
noch zu Hause und
wenn er mal was tat,
war es ein Wunder.

Ein Tscheche kommt für einen
Sehtest zu Felix in die Praxis.
Dieser hält ihm die Buchstabenfolge
" T Z C W O X E V I C "
vors Gesicht und fragt:
"Können Sie das lesen?"
Darauf der Tscheche:
"Nicht nur lesen. Ich kenn den sogar."

Hank geht zur Tankstelle
und steckt sich den
Zapfhahn in den Arsch.
Kommt der Tankwart und fragt ihn:
"Ist das NORMAL?"
Antwortet Hank:
"Nein... SUPER!"

Wie nennt man vier
Nazis in einer Ecke?
Rechten Winkel.

Petra würde, als liebende Mutter,
ihre Kinder jederzeit die Rührstäbe
ablecken lassen.
Würde sie ihre Medikamente nehmen,
würde sie das Gerät
vorher auch ausschalten.

Bernd versteht nicht,
wie es einen zweiten
Platz beim Biathlon geben kann.
Man hat doch schließlich ein Gewehr.

Warum onanieren Taubstumme
mit der linken Hand?
Weil sie die Rechte
zum Stöhnen brauchen!

Was ist ein Rollstuhlfahrer
im Kannibalen-Dorf?
Essen auf Rädern.

Timo hört in seinem Autoradio:
"Bitte Vorsicht auf der A1.
Hier bitte rechts fahren, es kommt
Ihnen eventuell ein Auto entgegen."
Timo ganz verdutzt:
"Wie meinen die das "ein Auto".
Das sind Hunderte!"

Ein dicker Mann zum anderen:
"Gestern hat einer ein Auge auf
mich geworfen!" - "War der schwul?" –
"Ach nein! Meine Azubis in der
Metzgerei haben gestern eine
Kuh geschlachtet!"

Michael: "Ich steck tief in der Scheiße."
Hank: "Im ernst?"
Michael: "Nein. Im Detlef."

Edgar gibt einen Funkspruch durch:
"Wagen 12 an Zentrale. Wir haben einen Mord
in der Kettiger-Straße. Eine Frau hat ihren
Mann erschossen, weil der über den
frischgewischten Boden gelaufen ist."

Zentrale:
"Habt ihr die Verdächtige festgenommen?"
Edgar: "Nein. Der Boden ist noch nicht trocken."

13.

Was ist 16,21 Meter lang
und riecht nach Urin?
Eine Polonaise im Altenheim.

14.

Selbst ACTIMEHL schafft es nicht,
Frankreichs Abwehrkräfte zu aktivieren.

15.

Ein Soldat fragt seinen Vorgesetzen:
"Herr Hauptfeldwebel,
was sollen wir machen,
wenn wir auf eine Landmiene treten?"
Hauptfeldwebel:
"Drei Meter in die Luft springen
und im Gelände verteilen."

16.

Was sagt ein Terrorist,
der ein Flugzeug besteigt?
"37. Stock! Bitte."

Der Häuptling eines Kannibalen-
Stammes kommt mit einem Baby
unter dem Arm in eine Mission.
Der Leiter der Einrichtung
begrüßt ihn herzlich:
"Oh, schön. Sie haben Ihren
Sohn mitgebracht?"
Häuptling:
"Das ist nicht mein Sohn.
Das ist mein Pausenbrot."

17.

Franz liest Michael aus der Zeitung vor:
"Hier steht, dass ein Mann seine Frau
mit dem Golfschläger umgebracht hat."
Michael: "Interessant, wie viele Schläge
hat er denn gebraucht?"

18.

Slim Jim geht mit seiner Freundin ins Kino.
Als die Bedienung fragt, ob er sein Popcorn
süß oder salzig möchte antwortet er:
"So, wie meine Begleitung."
Darauf die Bedienung:
"Pardon, aber hässliches
Popcorn führen wir nicht."

19.

Was essen vegane
Borderliner am liebsten?
Schnittlauch.

20.

Polizist hält einen Autofahrer an.
Er fragt:
"Sie sind Schlangenlinien gefahren.
Wären Sie mit einem
Alkoholtest einverstanden?"
Autofahrer:
"Kommt drauf an. Was haben Sie denn so da?"

Ein evangelischer Pfarrer beklagt sich bei
einem älteren Kollegen über die Fledermaus-Plage
in seiner Kirche. Er habe alles versucht,
um sie zu vertreiben, nun bliebe nur noch
Teufelsaustreibung. Darauf der Kollege:

"Ich habe meine getauft und konfirmiert -
danach kommt niemand mehr wieder..."

"Herr Doktor, Herr Doktor.
Ich habe einen Knoten in der Brust."
Der Arzt:
"Ja, aber wer macht denn sowas?"

Was ist der Unterschied zwischen
einem Kondom und einem Sarg?
In beiden liegt ein Steifer drin,
der Eine geht und der Andere kommt!

Der junge Michael kommt in eine Apotheke
und verlangt vom Apotheker ein Kondom.
Er brüstet sich: "Hi Dieter, heute flank ich mal
wieder meine kleine Zuckergrube weg.
Gib mir mal paar von den Genobbten, Spitzen..."
Nach nur drei Minuten kommt Michael wieder und sagt: "
Dieter, ich hätte gerne noch ein paar Kondome.
Hab grad von 'nem Kumpel erfahren,
dass die Mutter meiner Alten 'ne richtig versaute Drehtür ist
und es mit jedem macht! Ich schätze mal mit 'nem 1 0er-Pack
wird das heute eng."

Der Apotheker gibt ihm einen Monatsvorrat an
Anti-Familien-Packungen und verschwindet freudestrahlend.
Doch am gleichen Abend sitzt dieser nur stillschweigend am
Tisch, starrt vor sich auf den Teller und redet kein Wort mit den
Eltern von ihr. Entrüstet sagt seine Freundin:
"Wenn ich gewusst hätte, dass du so unfreundlich bist, Michael,
dann hätte ich dich wirklich nicht eingeladen!" Darauf erwidert er:

"Und hätte ich gewusst, dass dein Vater Apotheker ist, dann
wäre ich bestimmt auch nicht gekommen!"

Punkteverteilung

1												
2												
3												
4												
5												
6												
7												
8												
9												
10												
11												
12												
13												
14												
15												
16												
17												
18												
19												
20												
21												
22												
23												
24												
25												
Σ												

BEREIT FÜR DAS NÄCHSTE LEVEL?

READY FOR THE NEXT LEVEL ?!?!?

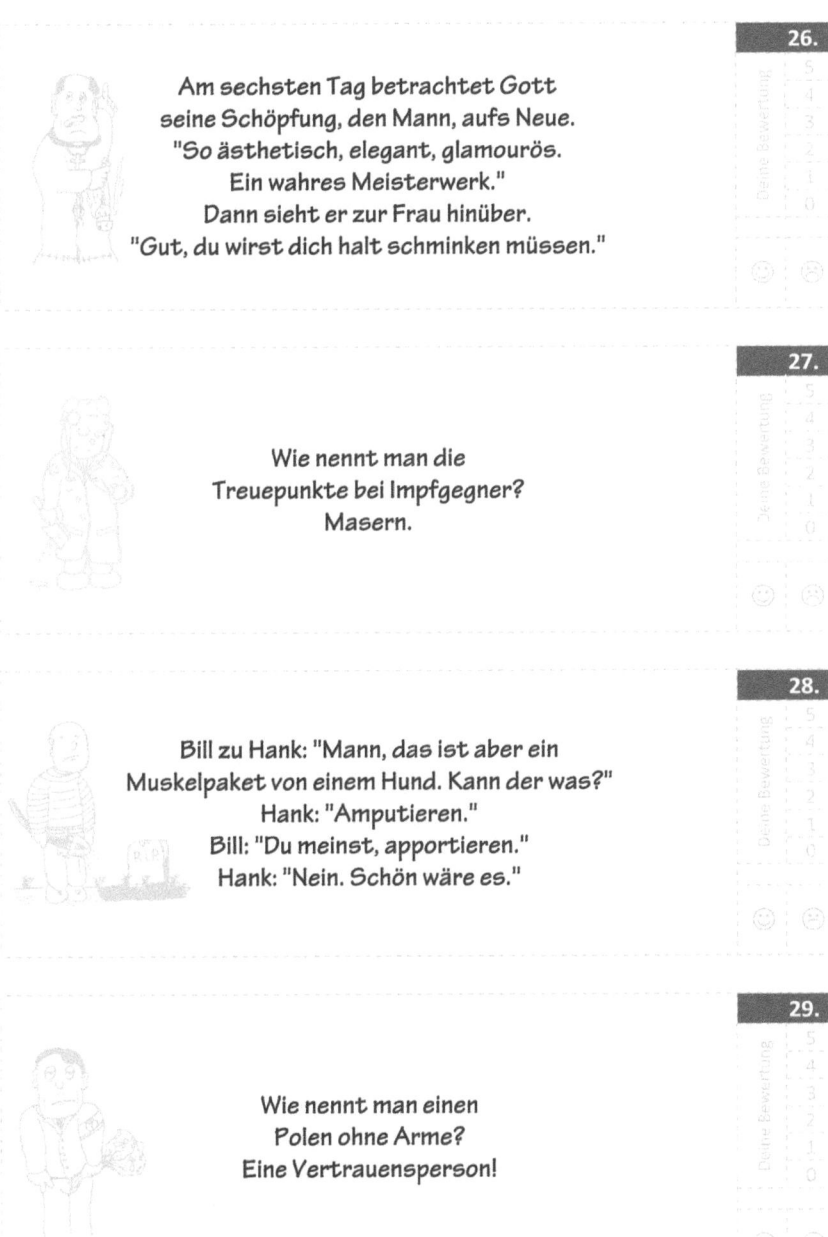

26.

Am sechsten Tag betrachtet Gott
seine Schöpfung, den Mann, aufs Neue.
"So ästhetisch, elegant, glamourös.
Ein wahres Meisterwerk."
Dann sieht er zur Frau hinüber.
"Gut, du wirst dich halt schminken müssen."

27.

Wie nennt man die
Treuepunkte bei Impfgegner?
Masern.

28.

Bill zu Hank: "Mann, das ist aber ein
Muskelpaket von einem Hund. Kann der was?"
Hank: "Amputieren."
Bill: "Du meinst, apportieren."
Hank: "Nein. Schön wäre es."

29.

Wie nennt man einen
Polen ohne Arme?
Eine Vertrauensperson!

Kommt ein Mann ins Zulassungsamt:
"Fräulein, ich hätte gerne eine rote Nummer!"
Petra: "Tut mir leid mein Herr, da
müssen Sie noch eine Woche warten!"

Bernd berichtet im Altenheim von seinem
Erlebnis mit einem Pornofilm
von letzter Nacht. "Die waren krass.
Die haben sich da abgeleckt, wo wir Pipi machen.
"Gertrud meldet sich sofort interessiert:
"Wo denn genau? Am Rand oder am Deckel?"

Ein Stotterer fragt Karl:
"Wwwwwiievvvviel zaaahlst
ddddu eeeeeiiiigentlich
bbbbeim Friiiiisssseur?"
Karl:
"Weniger als du vermutlich
für ein Ortgespräch."

Sklavenwitze sind wie Sklaven.
Werden nie alt.

Michael: Hast du eigentlich den
neuen Porno gesehen,
den ich dir ausgeliehen habe?"
Timo: "Bin noch nicht dazu gekommen."

Ein Junge prahlt in der Schule:
"Mein Opa ist Pastor, alle sagen
Hochwürden zu ihm."
Ein anderer Junge daraufhin:
"Und mein Opa ist Kardinal,
alle sagen Eminenz zu ihm."
Karl beeindruckt das nicht:
"Mein Opa bringt 210
Kilogramm auf die Waage.
Wenn wir unterwegs sind, sagen die Leute:
Allmächtiger Gott!"

Dein Vater schlägt taube Leute
und sagt:
"Wer nicht hören will... muss fühlen!

"Polizei. Aufmachen!"
Antwortet es aus dem Inneren:
"Ich will keine Eier kaufen."
Polizist: "Wir haben keine Eier."
"Ich weiß!"

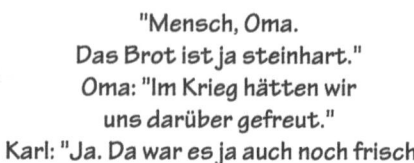

"Mensch, Oma.
Das Brot ist ja steinhart."
Oma: "Im Krieg hätten wir
uns darüber gefreut."
Karl: "Ja. Da war es ja auch noch frisch."

Schwarze zahlen beim
Bahnfahren immer 100€.

Was ist der Unterschied zwischen
einem Beamten und dem Sandmännchen.
Das Sandmännchen trägt
einen Sack voll Schlaf,
das Andere ist ein Sack voll Schlaf.

Kommt der Enkel zu seinem Opa und sagt:
"Opa, erzähl mir mal was von Tschernobyl!"
Daraufhin der Opa:
"Na gut. Lange, sehr lange ist
es her, mein Junge…"
…und streichelte dem Kind erst
den einen und dann den anderen Kopf.

42.

Schwarzer Humor ist so wie Essen.
Hat halt auch nicht jeder.

43.

Michael ist skeptisch.
Nach drei wunderschönen Töchtern
bekommt er einen Jungen.
Dieser ist allerdings potthässlich.
Er fragt:
"Hast mich betrogen?"
Sie antwortet:
"Nein. Diesmal nicht."

44.

Eine neue Metzgerei hat eröffnet.
Als Geschenk packt der Metzger jedem
Kunden ein Gratis-Würstchen ein.
Am anderen Tag kommt eine
dicke Kundin in die Metzgerei.
"Sie haben mir gestern irrtümlich ein
Würstchen dazu gepackt!"
Darauf der Metzger:
"Nein, das gabs kostenlos zur Einführung!"
Darauf die Frau:
"Oh Gott, und ich hab´s gegessen! "

45.

"Mama, alle in der Schule sagen,
ich wäre hässlich."
Antwortet Petra:
"Du sollst mich in der Öffentlichkeit
doch nicht ansprechen."

31

Die Polizei hat
einen Penis gefasst.
Er hat gestanden.

Neulich war ich mal zum Gottesdienst.
Da saß hinten einer, der hat da geraucht.
In der Kirche!
Mir ist vor Schreck fast das
Bier aus der Hand gefallen!

Neulich in der Apotheke.
Juan: "Eine Schachtel Kondome, bitte!"
Apotheker: "Gerne. Das macht dann 4,99 €.
Möchten Sie auch eine Papier-Tüte?"
Juan: "Nein, sie ist eigentlich ganz hübsch."

Hank nimmt einen Anhalter mit.
Dieser fragt ihn nach einem Kilometer:
"Das ist wirklich sehr nett, aber auch gefährlich.
Was wenn ich ein Mörder wäre?"
Hank dreht sich langsam zu seinem neuen Fahrgast:
"Statistisch gesehen, ist es mehr als unwahrscheinlich,
dass zur gleichen Zeit zwei Mörder
in ein und demselben Wagen sitzen."

Sagt der Masochist
zum Sadisten:
"Bitte, tu mir weh!"

Da sagt der Sadist:
"Nein!"

Wähle
selbst

Punkteverteilung

26												
27												
28												
29												
30												
31												
32												
33												
34												
35												
36												
37												
38												
39												
40												
41												
42												
43												
44												
45												
46												
47												
48												
49												
50												
Σ												

BEREIT FÜR DAS NÄCHSTE LEVEL?

READY FOR THE NEXT LEVEL ?!?!?

34

Arzt zum Patienten: "Tut mir leid, Pedro,
Du hast dich wohl im Ausland
mit AIDS angesteckt."

Daraufhin Pedro:
"Was ist das bloß für eine beschissene Welt,
in der man nicht einmal mehr
seinen Messdienern trauen kann!"

Eine Frau stöhnt voller Schmerzen
auf der Geburtsstation.

Der Ehemann:
"Es tut mir so leid meine Engelchen,
dass du das durchstehen musst..."

Darauf die Frau:
"Mach dir keinen Kopf! Du kannst ja nichts dafür."

Hank zu seinem Kumpel:
"Mein Penis war schon
im Guinness-Buch der Rekorde...

...bis ich aus der Bibliothek
geschmissen wurde."

Abgeordnete aus Amerika, Großbritannien und Deutschland
beraten sich auf einem Schiff. Auf einmal sagt der Amerikaner:
"Wir haben ein U-Boot, welches 10 Tage ohne zu tanken unter
Wasser bleiben kann."
Sagt der Engländer: "Das ist doch gar nichts! Unsere U-Boote
können drei Monate, ohne zu tanken, unter Wasser bleiben."

Der Deutsche guckt schon ganz beschämt und schweigt lieber.
Plötzlich taucht ein U-Boot vor dem Bug auf.
Die Luke geht auf und ein Mann schaut heraus:
"Heil Hitler! Wir brauchen Diesel!"

55.

Michael zu Petra:
"Hat dir in letzter Zeit Mal
einer gesagt, wie schön du bist?"
"Nein."
"Dann denk mal darüber nach."

56.

Wenn man dir schon Frühstück
ans Bett bringt, dann möchte ich
ein simples "Dankeschön!" und kein
"Was zum Teufel machen
Sie in meinem Haus!?!" hören!

57.

Stromausfall auf
der Besuchertoilette.
Die Besucher waren
allesamt angepisst.

58.

Warum essen Kannibalen gerne
schwangere Frauen?
Natürlich wegen der Kinderüberraschung
und der Extra-Portion Milch.

Timo während eines Saufgelages:
"Pete, ich hab mich entschieden und
werde mein erstes Kind Karl-Heinz nennen."
Darauf Pete: "Und was, wenn es ein Mädchen wird?"
Timo: "Dann wird es Karl-Heinz sehr,
sehr schwer in der Schule haben."

Sitzt Slim Jim in Spanien in einem Restaurant
und schaut seinem Gegenüber auf den Teller,
der mit etwas sehr Großem bedeckt ist.
Jim fragt nach einiger Zeit: "Was haben Sie da eigentlich auf dem
Teller?" Antwortet der Andere: "Das sind Stierhoden.
Eine Delikatesse!" Nach einem kurzen Gespräch arrangiert der
Fremde, dass Slim Jim nach dem nächsten Stierkampf auch einmal die Hoden bekommt. Als es soweit ist, kommt der Kellner mit
einem großen Teller, auf dem jedoch nur zwei sehr kleine Hoden
liegen. Da fragt Slim Jim den Kellner: "Was soll das denn? Warum
sind die Hoden denn so klein?" Antwortet der Kellner: "Dieses Mal
hat der Stier gewonnen!"

Ehefrau zu ihrem Mann:
"Du bist der eifersüchtigste Mann,
den ich kenne."

Michael direkt:
"Aha. Du kennst also mehrere."

Woran erkennt man, dass die
Polen noch nie im All waren?
Ganz einfach,
der große Wagen ist ja noch da!

Ich mag meine Mutter kochen
und meine Katze auch.

- Satzzeichen können Leben retten -

Vielleicht war Hitler gar nicht
so ein schlechter Kerl.
Letztendlich hat Hitler
den Hitler getötet.

Als Timo mit seiner Frau das Zimmer
ihrer Tochter Karl-Heinz durchsuchen,
finden sie unter dem Bett ein Heft
über Sadomaso-Spiele.

Die Frau ist entsetzt:
"Mein Gott, was sollen
wir jetzt nur tun?"

Darauf Timo:
"Auf jeden Fall sollten wir
aufhören sie zu schlagen."

Was macht ein Terrorist
im Treppenhaus?
Hochgehen.

In Alabama steht ein Hochhaus in Flammen.
Im zehnten Stock steht ein Afroamerikaner.
Unten haben Feuerwehrleute
ein Sprungtuch ausgebreitet,
aber er zögert: "Wenn das Rassisten sind,
ziehen sie bestimmt im letzten Moment das Tuch weg."
Einer der Feuerwehrmänner ruft:
"Hallo, Spanier, wann springst du endlich?"
Der Afroamerikaner denkt:
"Wenn sie mich für einen Chicano halten,
kann ich ja springen." Er springt.
Nun ziehen die Feuerwehrleute das Tuch weg und rufen: "Olé!"

67.

Michael rennt vollkommen aufgelöst
durch die Fußgängerzone.
Als ein Passant ihn anhält,
fragt dieser, was los ist.
"Ich suche den Mörder meiner Frau!"
Der Passant ist entsetzt:
"Mein Gott, ihre Frau ist tot?"
Darauf Michael: "Nein, ich suche doch noch."

68.

Was haben Dildos
und Tofu gemeinsam?
Beides ist Fleischersatz!

69.

Warum haben Frauen zwei Beine?
Schon einmal die Sauerei
bei Schnecken gesehen?

70.

Der Verurteilte soll auf dem elektrischen Stuhl
hingerichtet werden. Als sie ihn nach seinem
letzten Wunsch fragen, antwortet dieser:
"Wenn der Staatsanwalt während
der Hinrichtung meine Hand halten könnte,
würde mir das viel bedeuten."

Kommt ein Unterhändler eines Erfrischungs-
getränkelieferanten in den Vatikan.
Er bietet 100.000 Euro, wenn das
"Vater-Unser" geändert wird.
Es soll in Zukunft heißen:
"Unser täglich Cola gib uns heute!"
Der Sekretär lehnt kategorisch ab. Auch bei 200.000 und
500.000 Euro hat der Vertreter keinen Erfolg.
Er telefoniert mit seiner Firma und bietet schließlich
10 Millionen Euro. Der Sekretär zögert, greift dann zum Haus-
telefon und ruft den Papst an:
"Chef, wie lange läuft der Vertrag mit der Bäckerin noch?"

Arzt zur Patientin: "Tut mir leid.
Es wächst ein Tumor in Ihrem Bauch."
Patientin: "Sind Sie bescheuert?
Ich bin schwanger!"

Wer galt in der Geschichte als wahrer Aufreißer,
weil er Frauen so gut aufreißen konnte,
wie kein anderer?
- Jack the Ripper -

Bei einem Einbruch wir ein junges Paar
mit vorgehaltener Pistole ins Schlafzimmer gedrängt.
Anschließend zwingt der Einbrecher beide,
sich jeder auf einen Stuhl zu setzen.
Er holt Fesseln aus seinem Rucksack und
beginnt damit erst die Frau an den Stuhl
zu fesseln, dann ihren Mann.
"Wir haben doch kein Geld",
ruft der Mann, "warum gerade wir?".
Der Mann beugt sich über sein Opfer und antwortet:
"Ich will kein Geld". Sofort wendet er sich mit seinem Blick der
Frau zu, schaut sie lange lächelnd an und küsst sie zärtlich auf
den Hals. Dann verschwindet im Badezimmer. Entsetzt schaut
der Ehemann zu seiner Frau und sagt ihr unter Tränen: "Schatz...
es ist klar, was er vorhat. Du sollst wissen, dass ich dich immer
lieben werde... egal, was passiert."

Die Frau antwortet gefasst:

"Schatz, mach dir um mich keine Sorgen. Er hat mich nicht auf
den Hals geküsst, sondern mir ins Ohr geflüstert, dass er schwul
ist und dich wahnsinnig scharf findet. Er geht sich im Badezimmer ein wenig frisch machen. Aber ich werde dich auch immer lieben... egal was passiert".

Punkteverteilung

51												
52												
53												
54												
55												
56												
57												
58												
59												
60												
61												
62												
63												
64												
65												
66												
67												
68												
69												
70												
71												
72												
73												
74												
75												
Σ												

BEREIT FÜR DAS NÄCHSTE LEVEL?

READY FOR THE NEXT LEVEL ?!?!?

LEVEL 4: *Weichende Tiefenentspannung*

76.

Was ist der Unterschied zwischen
Jesus und Casanova?
Der Gesichtsausdruck beim Nageln!

77.

Wieso wird die Medizinspende aus Afrika
immer wieder zurückgeschickt?
Weil draufsteht:
"Bitte nach dem Essen einnehmen!"

78.

Mein Psychiater meinte ich soll das machen,
was mich beruhigt und Spaß macht.

Das habe ich gemacht.
Die Frage ist nur,
wie ich jetzt all das Blut
aus meinen Klamotten bekomme.

79.

Sitzen ein Pole und ein
Russe im Auto.
Wer fährt?
Die Polizei!

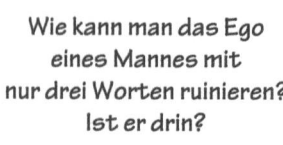

Wie kann man das Ego
eines Mannes mit
nur drei Worten ruinieren?
Ist er drin?

Bernd weiß zwar nicht,
ob der Glaube Berge versetzen kann.
Er weiß nur, was er mit
Wolkenkratzern machen kann.

Unterhalten sich zwei Epileptiker.
sagt der eine:
"Ey, ich habe gehört du hast gestern
in der Disco den Breakdance
Wettbewerb gewonnen".
Sagt der andere:
"Stimmt, aber ich wollt mir
eigentlich nur 'ne Cola holen"

Absolutes Vertrauen ist,
wenn zwei Kannibalen
Oralsex haben.

Timo beim Bäcker.
"Ich hätte gerne das Ding da, bitte."
Die Verkäuferin: "Das heißt Schnecke."
Darauf Timo:
"OK, Schnecke, das Ding da, bitte."

Warum ist ein
Schamhaar wie Petersilie?
Man schiebt es zur Seite,
bevor Sie anfangen zu essen.

Michael neulich zu seiner Frau:
"Du bist die schönste Frau auf der Welt."
Seine Frau:
"Du willst mich doch nur ins Bett bekomme."
Michael:
"...und intelligent bist du auch noch."

In den USA findet die Polizei
einen schwarzen,
vom Hals ab gelähmten und
von 36 Kugeln durchsiebten Mann
mit zwei Messern im Rücken in einer
dreckigen Seitengasse.
Die Polizei geht von
einem Selbstmord aus.

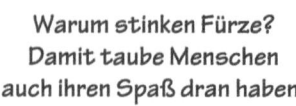

Warum stinken Fürze?
Damit taube Menschen
auch ihren Spaß dran haben.

Timo's Opa zeigt Timo ein Fotoalbum
von damals. Timo fragt:
"Opa, wer ist denn der Mann in der Uniform?"
- "Das bin ich!" -
"Und wer ist der Mann mit dem Bart?"
- "Das ist der Herr Hitler.
Das war ein ganz böser Mann!" -
"Und warum streckst du da deinen
Arm so weit nach oben?"
- "Ich habe da gerufen: Halt,
Herr Hitler, bis hierher und nicht weiter!" -

Timo zu seiner Frau:
"Warum trägst du einen BH?
Menschen ohne Beine haben
auch keine Schuhe."

Warum gibt es bei Star Trek
keine muslimischen Terroristen?
Weil es in der Zukunft spielt.

92.

Früher dachten viele Menschen,
Schwarze sind wie die Wolken.
Sie kümmern sich um die Ernte.

93.

Sohn:
"Papi, ich hatte
heute mein erstes Mal!"
Michael:
"Toll, ich bin stolz auf dich!
Komm, setz dich!"
Sohn:
"Ne, sitzen is noch nicht."

94.

Sagt der Taube zum Blinden:
"Ich kann keine
Behindertenwitze mehr hören."
Sagt der Blinde:
"Das sehe ich genauso."

95.

Reporter: "Wie hoch schätzen Sie
die Anzahl an Schülern mit Borderline-
Syndrom an Ihrer Schule ein?"

Lehrer:
"Meinen Sie die
durchschnittliche
Schnittmenge?"

47

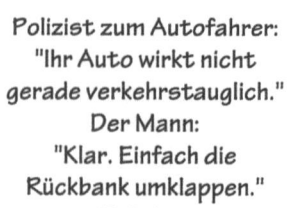

Polizist zum Autofahrer:
"Ihr Auto wirkt nicht
gerade verkehrstauglich."
Der Mann:
"Klar. Einfach die
Rückbank umklappen."
Polizist:
"Mensch, straßenverkehrstauglich."

Der Papst trägt sich
schon seit längerer Zeit
mit Selbstmordgedanken.
Es ist für ihn
die einzige Möglichkeit,
sich beruflich zu verbessern.

Ich habe gerade gegen
einen an Parkinson-
Erkrankten Schach gespielt.
Eine echte Zitterpartie!

Was sagt ein Leprakranker
nach dem Sex?
Lass stecken,
ich komme morgen wieder!

Ein stark übergewichtiger Mann möchte abnehmen.
Immer wieder hat er Ausreden,
aber eines Tages hört er von einem
Trainingsprogramm im örtlichen Bordell.
"Wie funktioniert das denn hier?", fragt er.
Sagt die Puffmutter: "Gehen Sie rauf in den ersten
1. Stock, Zimmer 5. Alles Weitere wird Ihnen dort erklärt."
Er geht aufs Zimmer und schaut sich um. Dort steht eine nackte
Frau und sagt: "Wenn Du mich kriegst, kannst Du mit mir machen,
was Du willst!", und rennt los.

Nach zehn Minuten hat er sie endlich erwischt und nimmt sie nach
Leibeskräften durch. Erschöpft und verschwitzt steigt er auf die
Waage: Nur 1,5 kg abgenommen. Die Puffmutter: "Keine Sorge,
jetzt kommt die zweite Stufe: 2. Etage, Zimmer 8." Dort angekommen, steht eine nackte, durchtrainierte Athletin vor ihm und
sagt: "Wenn Du mich kriegst, kannst Du mit mir machen, was Du
willst!", und rennt los.

Nach 30 Minuten hat er sie endlich erwischt und nimmt auch sie
nach Leibeskräften durch. Erschöpft und verschwitzt steigt er
erneut auf die Waage und ist wieder enttäuscht: Nur 4 kg abgenommen. Die Puffmutter: "Nun, wenn Sie unbedingt den schnellen
Erfolg wollen, gehen Sie in den Keller!" Er steigt die Treppe zum
Keller hinunter und tastet nach dem Lichtschalter. Plötzlich
schlägt die Kellertür hinter ihm zu, wird verriegelt und das Licht
geht an. Erschrocken dreht er sich um. Vor ihm steht ein muskel-
bepackter, glatzköpfiger und splitternackter Afroamerikaner mit
einem riesigen Rohr und sagt:

"Wenn ich Dich kriege, mache ich mit Dir, was ich will..."

Punkteverteilung

76											
77											
78											
79											
80											
81											
82											
83											
84											
85											
86											
87											
88											
89											
90											
91											
92											
93											
94											
95											
96											
97											
98											
99											
100											
Σ											

BEREIT FÜR DAS NÄCHSTE LEVEL?

READY FOR THE NEXT LEVEL ?!?!?

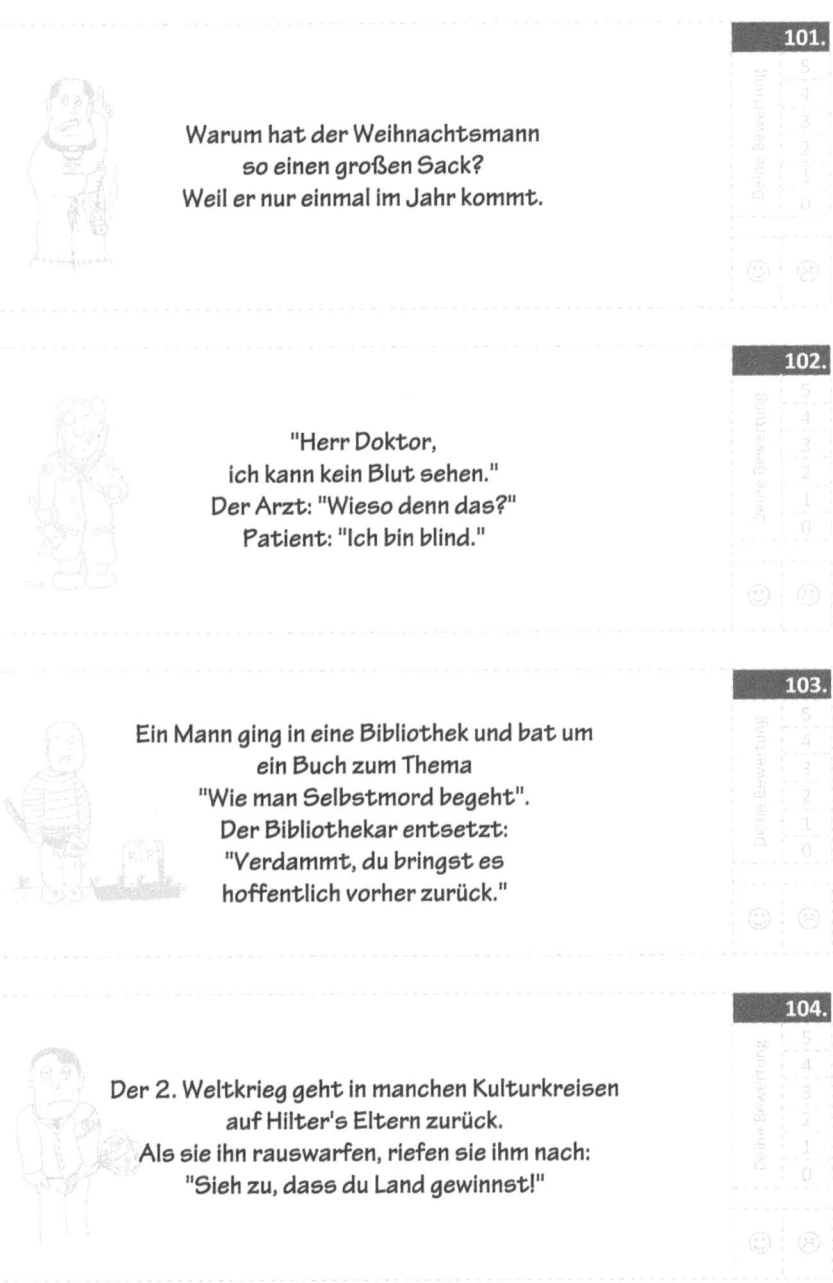

101.

Warum hat der Weihnachtsmann
so einen großen Sack?
Weil er nur einmal im Jahr kommt.

102.

"Herr Doktor,
ich kann kein Blut sehen."
Der Arzt: "Wieso denn das?"
Patient: "Ich bin blind."

103.

Ein Mann ging in eine Bibliothek und bat um
ein Buch zum Thema
"Wie man Selbstmord begeht".
Der Bibliothekar entsetzt:
"Verdammt, du bringst es
hoffentlich vorher zurück."

104.

Der 2. Weltkrieg geht in manchen Kulturkreisen
auf Hilter's Eltern zurück.
Als sie ihn rauswarfen, riefen sie ihm nach:
"Sieh zu, dass du Land gewinnst!"

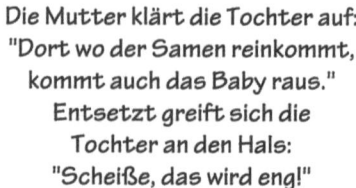

Die Mutter klärt die Tochter auf:
"Dort wo der Samen reinkommt,
kommt auch das Baby raus."
Entsetzt greift sich die
Tochter an den Hals:
"Scheiße, das wird eng!"

"Schatz, du bist einfach Bombe!"
Hierzulande ein Kompliment und
im Nahen Osten ein Streitgespräch.

Was ist der Unterschied zwischen
Persil und Gleitmittel?
Persil spaltet die Fette.
Gleitmittel fettet die Spalte.

Woran erkennt man den
reichsten Äthiopier der Welt?
An der Rolex um seinen Bauch.

Was ist das Geile an Sex
mit einer Obdachlosen?
Du musst sie nicht
nach Hause fahren!

Rollstuhlfahrerwitze
sitzen immer,
gehen aber echt nicht.

Michael:
"Sohn, ich habe all dein Spielzeug
dem Kinderheim gespendet.
Sohn:
"Warum hast du das gemacht?"
Michael:
"Damit dir dort nicht zu langweilig wird."

Polizist hält den betrunkenen
Timo auf der Autobahn an.

Polizist:
"Sie sind 70km/Std. zu schnell gefahren.
Wie lösen wir das Problem?"

Timo öffnet das Handschuhfach
und ruft hinein:
"Brücke an Maschinenraum.
Weniger Kohlen, wir sind zu schnell."

Ab welchem Zeitpunkt wird einem klar,
dass man pleite ist?
Wenn sich die Sprache am Geldautomaten
automatisch plötzlich auf griechisch stellt.

Ein sehr alter Mann geht zur Beichte.
"Vergib mir, Vater, denn ich habe gesündigt.
Während des 2. Weltkrieges habe ich
einem Verfolgten in meinem Haus Zuflucht gewährt.
" Der Priester ist verwundert: "Aber das ist doch etwas Gutes."
Darauf der Mann: "Das mag sein, aber ich habe dafür Miete von
ihm verlangt." Der Priester räuspert sich: "Nun gut, aber du hast
schließlich dein Leben für diesen Menschen riskiert. Deine Sünden
sollen dir vergeben sein." Der alte Mann ist sichtlich erleichtert
und bittet darum, eine weitere Frage stellen zu dürfen. "
Natürlich, mein Sohn. Sprich."
"Soll ich ihm jetzt sagen, dass der Krieg vorbei ist?"

Zwei Freunde beim gemeinsamen Videoabend.
Sagt der eine: "Hey, warum schauen wir
uns denn den Porno rückwärts an?"
Darauf der andere: "Ich finde die Stelle so geil,
wo die Nutte dem Freier das Geld zurückgibt!"

Bernd kommt ins World Trade Center und sagt:
"Ich möchte gerne einen Jumbo-Jet kaufen."
Der Mann an der Rezeption ganz verdutzt:
"Wir verkaufen hier keine Jumbo-Jets, mein Herr."
Darauf Bernd:
"Wieso, Sie haben doch welche im Fenster."

Mein Humor ist so schwarz,
der würde in den USA von Polizisten
direkt erschossen werden.

Ehefrau zu ihrem Michael:
"Weshalb hast du das
Kinderbett so hoch gebaut?"
Michael: "So können wir besser hören,
wenn das Kindchen aus
dem Bettchen fällt."

Ein Blinder und ein Lahmer treffen sich.
"Wenn du mich auf die Schulter nimmst,
könntest du mir die Beine ersetzen und ich dir die Augen",
meint der Lahme. Der Blinde geht darauf ein und
trägt den Lahmen, der ihm den Weg durch die Stadt sagt.
Plötzlich sagt der Blinde: "Das ist aber eine heiße Frau dort
drüben!" "Woher willst du denn das wissen?", fragt der Lahme, "
...du kannst doch überhaupt nichts sehen!"

Da erwidert der Blinde:
"Aber ich kann es im Genick spüren!"

Was ist der Unterschied zwischen
einem Borderliner
und einer Salami-Pizza?
Die Salami-Pizza
schneidet sich nicht von selbst!

Polizist zum Autofahrer:
"Wissen Sie warum ich
Sie angehalten habe?"
Autofahrer:
"Weil Ihre Kollegen
richtige Verbrecher jagen?"

Weihnachten im Irrenhaus:
Also, kommt der Weihnachtsmann und
sagt zu den Insässigen:
"Wer mir ein kurzes Gedicht aufsagt,
bekommt ein kleines Geschenk.
Wer ein langes Gedicht aufsagt,
bekommt ein großes Geschenk."
Kommt der Erste an und stammelt:
"Hheilelmmaaem". Sagt der Weihnachtsmann:
"...und wer mich verarscht, kriegt gar nichts!"

Wie nennt man
einen Auszubildenden
beim Frauenarzt?
Lippen-Stift.

Ich grub in unserem Garten,
als ich eine Truhe voller Goldmünzen fand.
Ich wollte gerade ins Haus laufen,
m meiner Frau davon zu erzählen.
Aber dann fiel mir ein,
warum ich in unserem Garten grub.

Ein Jude und ein Chinese sitzen in
New York auf einer Parkbank und lesen eine Zeitung.
Auf einmal steht der Jude auf und
verprügelt den Chinesen, dass es schlimmer
nicht mehr geht. Er nimmt ihn so richtig in die Mangel.
Als er fertig ist, setzt er sich wieder und
liest weiter seine Zeitung. Als der Chinese fragt,
was das jetzt sollte, antwortet der Jude:
"Das war für Pearl Harbour." Der Chinese antwortet:
"Aber das waren doch die Japaner!"
Der Jude: "Egal, Chinesen, Japaner, Thailänder…
alles die gleichen Schlitzaugen."

Nach ein paar Minuten steht der Chinese auf und
prügelt auf den Juden ein. Er besorgt es ihm so richtig,
schlägt ihn grün und blau. Danach setzt er sich wieder hin
und liest seine Zeitung. Als der Jude fragt, wofür das jetzt gewesen wäre. Antwortet der Chinese:

"Das war für die Titanic!"
Darauf der Jude: "Aber das war doch ein Eisberg!"
Der Chinese:
"Eisberg, Eisenberg, Zuckerberg, … alles das gleiche!"

Punkteverteilung

101												
102												
103												
104												
105												
106												
107												
108												
109												
110												
111												
112												
113												
114												
115												
116												
117												
118												
119												
120												
121												
122												
123												
124												
125												
Σ												

BEREIT FÜR DAS NÄCHSTE LEVEL?

READY FOR THE NEXT LEVEL ?!?!?

126.

Der Witwer zum Pfarrer:
"Ich möchte meine Frau auf dem Bauch
liegend begraben lassen, wenn das geht."
"Warum denn das, mein Sohn?", fragt der Pfarrer.
"Sollte sie nur scheintot sein,
gräbt sie wenigstens nach unten."

127.

Ein Arzt zu seinem Kollegen:
"Hab neulich einen Typen
ohne Arme gesehen.
Wusste nicht ob der arm dran
oder Arm ab ist."

128.

Hank steht auf einer Brücke und entdeckt eine Frau,
die gerade dabei ist zu springen. Hank:
"Ey, warte mal! Bevor du springst,
könnten wir doch vorher noch
ne Nummer schieben." Darauf sie:
"Aber wir kennen uns doch gar nicht."
Hank: "OK, dann warte ich eben, bis du unten bist."

129.

Eine alte Oma trifft
auf einen Skinhead.

Oma:
"Ach Sie Armer... Erst die
Chemotherapie und nun
noch die orthopädischen Schuhe."

Eine Blondine ist seit zwei Tagen wie
vom Erdboden verschluckt.
Als sie dann endlich wieder Zuhause
angekommen ist und mit völlig zerrissenen
Sachen vor ihrem Vater steht, fragt dieser:
"Sag mal wo warst Du denn, wir
haben uns Sorgen gemacht!"
Sie: "Mann, Papa, ich bin drei Tage lang
brutal vergewaltigt worden!"
Er: "Sag mal, Du bist doch nur Zwei Tage weg gewesen!"
Sie: "Ja, aber ich muss heute Mittag wieder hin!"

Wer wurde an 11.09. von den
New Yorkern am meisten vermisst?
King Kong.

Karl spielt wieder mal Papa und hat sich
im Kinderzimmer des Nachbarsjungen versteckt.
"Papa, machst du vorm Rausgehen und
Lichtausschalten bitte noch wegen der Monster
die Schranktür zu?" Karl:
"Aber das ergibt doch keinen Sinn, mein Sohn. Alles was dich töten kann und will, bekommt auch die Schranktür auf. Schlaf gut!"

Umberto: "Hallo, ich bin Umberto.
Ich bin hier um ihre
Tochter zu vögeln."
Vater: "Um WAS?"
Umberto: "Um…berto!"

Der Spieß zum wachhabenden Rekruten:
"Greiner! Was tun sie, wenn sich
nachts eine männliche Person kriechend
der Kaserne nähert?"

Darauf Greiner:
"Ich bringe den Herrn Oberst diskret ins Bett!"

Warum mögen Blinde
Mohnbrötchen so gerne?
Da stehen immer so
geile Kurzgeschichten drauf.

Der Sohn beschimpft seine
Mutter als Schlampe.
Die Mutter geht zu Michael und
sagt wütend:
"Unser Sohn hat mich
gerade Schlampe genannt."

Michael:
"Was? Na warte, jetzt knöpfen wir
uns den Hurensohn vor."

"Baden ist hier verboten!",
sagt der Polizist einer jungen Frau.
Erwidert die Frau:
"Warum haben sie mir das nicht gesagt,
bevor ich mich ausgezogen habe?"
Polizist: "Ausziehen ist nicht verboten."

"Du Oma. Warum liest du eigentlich
jeden Tag die Todesanzeigen?"
Oma: "Ich gucke, wer wieder Single ist."

Haben Sie von den beiden
zusammengestoßenen Autos
in Mexiko gehört?
200 Mexikaner starben.

"Zwei mal neun ist
aber eben auch achtzehn.",
Manfred (42),
argumentiert der angeklagte
Mathelehrer vor Gericht.

Was ist der Unterschied zwischen
einem Terrorcamp und
einer normalen Schule?
Keine Ahnung,
ich fliege nur die Drohnen.

Was ist der Unterschied zwischen
einem Winterreifen und
einem Schwarzen?

Der Winterreifen fängt nicht an
Gospel zu singen,
wenn man ihn in Ketten packt.

Michael zu seiner Frau:
"Soll ich dir einen Zaubertrick verraten?"
Frau:
"Ja... aber bitte einen schönen..."
Michael:
"Abrakadabra - Pufffff, du bist nun Single."

Ein Motorradfahrer fährt eine
dicke Frau am Zebrastreifen an.
Daraufhin diese:
"Können Sie denn nicht aufpassen?
Fahren Sie doch hinter mir vorbei!"
Antwortet dieser:
"Das würde ich ja gerne, aber ich hatte Angst,
dass mein Benzin dafür nicht mehr reicht."

Kommt eine Frau grün und blau
geschlagen im Frauenhaus an.
Als man sie fragt, was denn geschehen sei,
antwortet sie:

"Ich habe doch nur DU gesagt."
Die Betreuer fragen entsetzt nach,
können die Antwort kaum fassen.
Sagt sie: "Doch, ich habe nur "Du"
gesagt, als mein Mann meinte:
"Liebling, wir haben seit Monaten keinen Sex mehr gehabt"."

Ein Polizist hält Alexandra an der Grenze an:
"Können Sie sich bitte identifizieren?"
Sie zückt ihren Taschenspiegel,
wirft einen Blick hinein und meint:
"Ja, das bin eindeutig ich..."

Ein Gefangener wird vom Pfarrer zum Galgen begleitet.
Es regnet in Strömen, der Pfarrer hält den Schirm.
Gefangener: "So ein Sauwetter, Herr Pfarrer."
Pfarrer: "Sie haben's gut, Sie müssen nur hin –
ich muss ja auch wieder zurück."

Zwei Freunde treffen sich.

A: "Na, wie geht's dir denn?"
B: "Schlecht, meine Firma ist gerade in Konkurs gegangen"
A: "Oh, und sonst?" B: "Naja, meine Frau ist mit meinem besten
Freund abgehauen" A: "Ah ja, und abgesehen davon?"
B: "Mein Jüngster ist von einem Auto überfahren worden"
A: "Das tut mir wirklich leid. Und sonst?"
B: "Mein Haus ist abgebrannt"
A: "Sag mal, das ist ja nicht zu glauben.
Gibt es in deinem Leben nichts Positives?"
B: "Oh doch, meinen AIDS-Test."

Was ist witziger
als ein totes Kind?
Ein totes Kind
im Clowns Kostüm.

Ein Theologe fragt seine Studenten:
"Was ist der Unterschied zwischen Glauben und Wissen?"
Keiner meldet sich. Da ruft der Dozent
einen Studenten aus der letzten Reihe auf:
"Max, Weißt du den Unterschied zwischen Glauben und Wissen?"
Dieser: "Nein, Herr Dommermuth." Also nimmt der Dozent
den Studenten vor die Tür und klärt ihn auf:
"Ich stecke jetzt meinen Finger in deinen Arsch."
Gesagt getan. Darauf der Dozent: "
Weißt du jetzt den Unterschied? "
Der Student: "Nein, Herr Dommermuth."

Dozent:
"Ganz einfach, du glaubst immer noch zu wissen,
dass es mein Finger ist..."

Punkteverteilung

126												
127												
128												
129												
130												
131												
132												
133												
134												
135												
136												
137												
138												
139												
140												
141												
142												
143												
144												
145												
146												
147												
148												
149												
150												
Σ												

BEREIT FÜR DAS NÄCHSTE LEVEL?

READY FOR THE NEXT LEVEL ?!?!?

LEVEL 7: *Kollaps-Schnaps*

151.

Ein Mann liegt auf der Intensivstation und
ist an vielen Schläuchen angeschlossen.
Da besucht ihn ein Pfarrer.
Plötzlich fängt der Mann zu keuchen an.
Da er nicht sprechen kann, bittet er in Zeichensprache
um einen Stift. Er kritzelt auf einen Zettel
einen Satz und stirbt. Der Pfarrer denkt sich:
"Das geht mich nichts an!", und bringt den Zettel der Frau des
Verstorbenen. Die liest ihn und fällt in Ohnmacht.
Da nimmt der Pfarrer den Zettel und liest:
"Du Idiot, geh von meinem Schlauch runter!"

152.

Der Arzt zu seiner Patientin:
"Da sind Sie ja gerade
noch rechtzeitig gekommen!"
Darauf diese: "Oh nein, ist es denn so ernst?"
Darauf der Arzt: "Das nicht,
aber hätten Sie noch einen Tag
länger gewartet, wäre es von alleine weggegangen."

153.

Schwarzenegger, Kinski und Jackson sitzen mit einer ganzen
Meute Kindern im Flugzeug. Und wie das in solchen Witzen immer
so ist, droht das Flugzeug abzustürzen und es sind natürlich
nicht genug Fallschirme an Bord. Es stellt sich also die Frage, wer
einige der Wenigen bekommen soll.
Schwarzenegger warnt: "Nehmt Rücksicht auf die Kids!"
Darauf Kinski: "Fuck the Kids!!!"
Jackson verblüfft: "Wie, jetzt noch?"

154.

Wie stellten sich die Deutschen damals
die arische Rasse vor?
Schlank wie Göring, blond wie Hitler und
genauso groß wie Goebbels.

Ein Freier zu Petra:
"Hey, du kleine Schnitte.
Wo gehst du mit deinen
tollen Beinen denn hin?"

Petra:
"Wenn nichts dazwischenkommt, ins Kino."

Was ist ein
30jähriger
Terrorist?
Ein Spätzünder.

Woran merkst du spätestens,
dass du keine reichen Eltern hast?
Deine Mutter beantragt
bei Monopoly Hartz IV.

Was war früher weiß und hatte
lauter schwarze Punkte?
Ein Baumwollfeld von oben.

159.

Zwei Freunde lösen ein Kreuzworträtsel.
A: "Weibliches Geschlechtsorgan?"
B: "Senkrecht oder waagerecht?"
A: "Waagerecht"
B: "Dann muss es der Mund sein..."

160.

An einer roten Fußgängerampel stehen
ein dicker und ein dünner Mann nebeneinander.
Meint der Dicke:
"Wenn man Sie so anschaut,
könnte man meinen, es sei
eine Hungersnot ausgebrochen."
Dreht der Dünne sich zur Seite:
"Und wenn man Sie so anschaut, weiß man auch,
wer dafür verantwortlich ist."

161.

Neulich im Bett beim Sex:
Frau: "Woran denkst du?"
Michael: "Kennst du nicht!"

162.

"Mami, darf ich ein bisschen
mit Opa draußen schaukeln?"

"Nein, der bleibt hängen,
bis die Polizei kommt!"

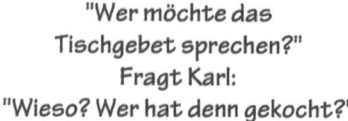

163.

"Wer möchte das
Tischgebet sprechen?"
Fragt Karl:
"Wieso? Wer hat denn gekocht?"

164.

Treffen sich zwei Psychologen
im dritten Reich.
Der eine: "Heil Hitler!"
Darauf der andere: "Heil ihn doch selbst!"

165.

Ein Amerikaner, ein Engländer und ein deutscher
Beamter sitzen in einem Vorzimmer.
Der Amerikaner ist blind, der Engländer
sitzt im Rollstuhl und der deutsche Beamte
hat einen gebrochenen Arm. Plötzlich
steht Jesus vor ihnen und fragt, was er für sie
tun kann. Der Amerikaner sagt, dass er gerne wiedersehen
möchte. Jesus streicht ihm über die Augen und der Amerikaner
kann wiedersehen. Dann streicht Jesus dem Engländer über die
Beine und der Engländer kann wieder gehen. Sagt der deutsche
Beamte: "Bevor du jetzt irgendetwas machst, denk daran, ich bin
noch vier Wochen krankgeschrieben."

166.

Vorstellungsgespräch in einem
Vorzimmer einer
Terroristen-Hochburg:
"Na, wie viele Anschläge
schaffen sie pro Minute?"

Warum verlieren die Amerikaner
immer beim Billard?
Weil sie zuerst auf
die Schwarzen schießen!

"Junger Mann, Sie haben meiner Tochter
die Unschuld geraubt -
was haben Sie zu Ihrer
Verteidigung dazu zu sagen?"
Der junge Michael eingeschüchtert:
"Ich konnte es nur einmal machen...?!?"

"Schatz, macht das Kleid mich fett?"
Jim: "Nein."
Frau: "Ach komm, ich sehe darin
doch echt fett aus."
Jim: "Ich kann keine aktive Rolle
des Kleides feststellen."

In einer kalten Winternacht bemerken
die Lesben Maria und Petra an einem
Imbiss eine alte Schulkameradin.
Maria: "Mann, Mann. Geile Schnitte, oder?"
Petra dreht sich um und meint trocken:
"Wie kannst du das sehen?
Die Ärmel sind doch runtergekrempelt."

Die wahre Bedeutung der
Altersbegrenzungen von Filmen ist:

Ab 12
Der Held bekommt das Mädchen!
Ab 16
Der Böse bekommt das Mädchen!
Ab 18
Jeder bekommt das Mädchen!

Der Superior sieht eine Nonne im
Kreuzgang mit einem Kinderwagen
gemütlich spazieren fahren.
"Na, Schwester, kleines Klostergeheimnis?"
– "Nein, Hochwürden, ein Kardinalsfehler!"

Was ist klein, rot und krabbelt
einer Frau am Bein hoch?
Frühchen mit Heimweh.

Was ist der Unterschied
zwischen gemein und makaber?

Gemein ist es,
fünf Frauen in eine
Mülltonne zu stecken.
Makaber ist es,
eine Frau in fünf
Mülltonnen zu stecken.

Ein Zoologe, ein Sadist, ein Killer, ein Nekrophiler,
ein Pyromane und ein Masochist langweilen sich.

Sagt der Zoologe: "Holen wir uns eine Katze!"
Sagt der Sadist: "Ok, holen wir uns
eine Katze und quälen sie!"

Meint der Killer: "Super Idee, holen wir uns eine Katze,
quälen sie und dann wird sie getötet!"

Freut sich der Nekrophile: "Geil, holen wir uns eine Katze,
quälen und töten sie und dann wird sie gepoppt!"

Sagt der Pyromane: "Au ja, au ja, holen wir uns eine Katze,
quälen, töten und poppen sie und
dann wird sie angezündet!"

Darauf der Masochist:
"Miau..."

Punkteverteilung

151													
152													
153													
154													
155													
156													
157													
158													
159													
160													
161													
162													
163													
164													
165													
166													
167													
168													
169													
170													
171													
172													
173													
174													
175													
Σ													

BEREIT FÜR DAS NÄCHSTE LEVEL?

READY FOR THE NEXT LEVEL ?!?!?

LEVEL 8: *Hardcore Reanimation*

Was bedeutet es, wenn Gott
alle Blondinen zu sich ruft?
Die größte Rückrufaktion aller Zeiten.

Eine Frau, kurz vor ihrer OP.
Frau: "Herr Doktor, ich bin so nervös.
Das ist meine erste Operation."
Arzt: "Keine Sorge. Meine auch."

Was hat vier Beine und einen Arm?
Ein Rotweiler auf dem Kinderspielplatz.

Ein alter Opa steht vor mir im Lebensmittel-Laden.
Kassiererin: "Haben Sie eine Deutschland Card?"
Opa: "Ja klar habe ich eine Deutschlandkarte und
zu meiner Zeit war die auch viel größer als ihre"

Sitzen zwei Personen auf der
Parkbank nahe des Spielplatzes.
Michael: "Boah, ist der Junge da drüben hässlich!"
Entrüstet antwortet die andere Person:
"Das ist mein Sohn."
Michael: "Oh Entschuldigung, ich wusste nicht,
dass Sie der Vater sind."
Petra: "Ich bin seine Mutter!"

Der amerikanische Präsident sitzt sehr
schwermutig im Weißen Haus.
Vor wenigen Minuten ist ein mit vier
Astronauten besetztes Raum-Shuttle explodiert.
Aus dem Außenministerium wird ihm gemeldet:
"Die Franzosen haben ihr Beileid ausgesprochen.
Die Deutschen haben ihr Beileid ausgesprochen."
Der Präsident hebt den Kopf: "Und die Russen?
Haben die auch ihr Beileid ausgesprochen?"
Antwort aus dem Ministerium.
"Ja, Herr Präsident, bereits zwei Stunden vor der Explosion."

Der Witz des Co-Piloten Karl kam beim
letzten Flug von Berlin nach New York
zumindest bei den Passagieren nicht so gut an:
"...und dank Jochen Schweitzer darf
ich die Maschine nun ganz alleine fliegen."

Hast du eigentlich schon
einmal äthiopisch gegessen?
Die Äthiopier auch nicht.

Zwei Liliputaner an der Bar:
"Zwei Kurze!"
Darauf der Barmann:
"Das sehe ich selbst,
aber was wollt ihr trinken?"

Was haben ein Pizzabote und
ein Frauenarzt gemeinsam?
Sie riechen es beide,
können es aber nicht essen!

Meine Frau sagt ich behandle eins
unserer Kinder unfair.
Ich fragte:
"Welches? Phillip, Paul oder
das fette Hässliche?"

Marcel stürmt ins Stamm-Café und
erzählt aufgeregt seinem dort
sitzendem Freund Edgar folgendes:
"Edgar, stell dir vor, gestern ist es mir gelungen,
eine wunderschöne Frau vor
einer Vergewaltigung zu retten!"
"Das ist ja eine Heldentat!", sagt Edgar bewundernd.
"...wie hast du das fertiggebracht?"
Marcel:
"Ganz einfach, ich hab sie überzeugt!"

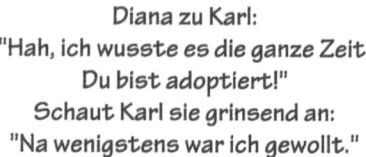

188.

Diana zu Karl:
"Hah, ich wusste es die ganze Zeit.
Du bist adoptiert!"
Schaut Karl sie grinsend an:
"Na wenigstens war ich gewollt."

189.

Ich bin doch kein Rassist.
Auch ich habe einen Farbfernseher.

190.

Ein Freier klopft bei einer rheinländischen
Nutte am Wohnwagen. Sagt die Nutte: "Komm rein!"
Freier: "Gerne, ich habe aber nur zehn Euro bei mir."
Sie: "Pass auf, mein Süßer,
für einen Zehner kannst du dir bei uns höchstens
hinten in den Büschen einen runterholen."
Wütend wirft sie die Tür zu.
Etwas später klopft es wieder an der Tür
und als sie öffnet steht der Freier erneut vor ihr.
Sie: "Was willst du denn schon wieder?"
Er: "Bezahlen!"

191.

Bernd hat die Maschine nach Berlin gekapert
und fliegt auf den Flughafen zu.
Voller Erwartung meldet er dem Tower:
"Haha, ratet mal, wer jetzt kommt!"

Daraufhin schaltet der Tower sämtliche Lichter
auf den Landebahnen aus:
"Und rate du mal, wo wir sind!"

Ab wann wusste eine schwarze Sklavin,
dass sie schwanger ist?
Wenn sie ihren Tampon herauszog
und die Baumwolle bereits gepflückt war.

Ein Pärchen beim Sex -
sie fängt laut an zu stöhnen:
"Jaaa, gib es mir! Mach's mir!
Sag mir dreckige Sachen!"
Er: "Küche, Bad, Wohnzimmer..."

Eine blinde Frau sagt ihrem Freund,
dass sie jemanden sieht.
Es sind entweder schreckliche
oder großartige Neuigkeiten!

Wacht eine Petra benebelt
unter einer Kuh auf und sagt:
"Nicht alle auf einmal...
aber damit ihr es wisst:
Der Letzte fährt mich nach Hause!"

Sagen Sie, was Sie
über Pädophile wollen.
Aber zumindest fahren sie
langsam durch die Schulzonen.

Aushang an der Kirche:
"Hallo, wir suchen jemanden,
der ernsthaft an einem
Dreier interessiert ist.
Wir sind ein Priester und
suchen zwei Frauen."

Mann beim Arzt: "Herr Doktor,
ich glaub ich habe mir den Nacken verdreht."
Arzt: "Ist er steif?"
Mann: "Ja, aber mein Nacken
macht mir mehr Probleme…"
Arzt: "Was?"
Mann: "Was?"

Was ist Rot und sitzt in der Ecke? Antwort:
Ein Kind, das an einem Rasiermesser lutscht.

Was ist Grün und sitzt in der Ecke? Antwort:
Das gleiche Kind, zwei Wochen später.

Eine ältere Lehrerin bekommt im Unterricht
Besuch vom Oberschulrat und vom Rektor.
Die zwei setzen sich ganz hinten in die Klasse.
Die Lehrerin ist nervös,
sie unterrichtet die erste Klasse.
Sie schreibt einen Satz an die
Tafel und fragt: "Wer von euch kann diesen
Satz lesen?" Niemand hebt die Hand
und die Lehrerin wird schon ganz unruhig.
Da meldet sich Ben, der in der letzten Bank sitzt.
Er sagt: "Die Lehrerin hat einen fetten Arsch."
Die Lehrerin ist empört. Da dreht sich Ben
weinend zum Oberschulrat und zum Rektor um und sagt:
"Wenn ihr Beide auch nicht lesen könnt,
dürft ihr auch nicht falsch vorsagen."

Punkteverteilung

176												
177												
178												
179												
180												
181												
182												
183												
184												
185												
186												
187												
188												
189												
190												
191												
192												
193												
194												
195												
196												
197												
198												
199												
200												
Σ												

BEREIT FÜR DAS NÄCHSTE LEVEL?

READY FOR THE NEXT LEVEL ?!?!?

LEVEL 9: *Moral-Flüchtling*

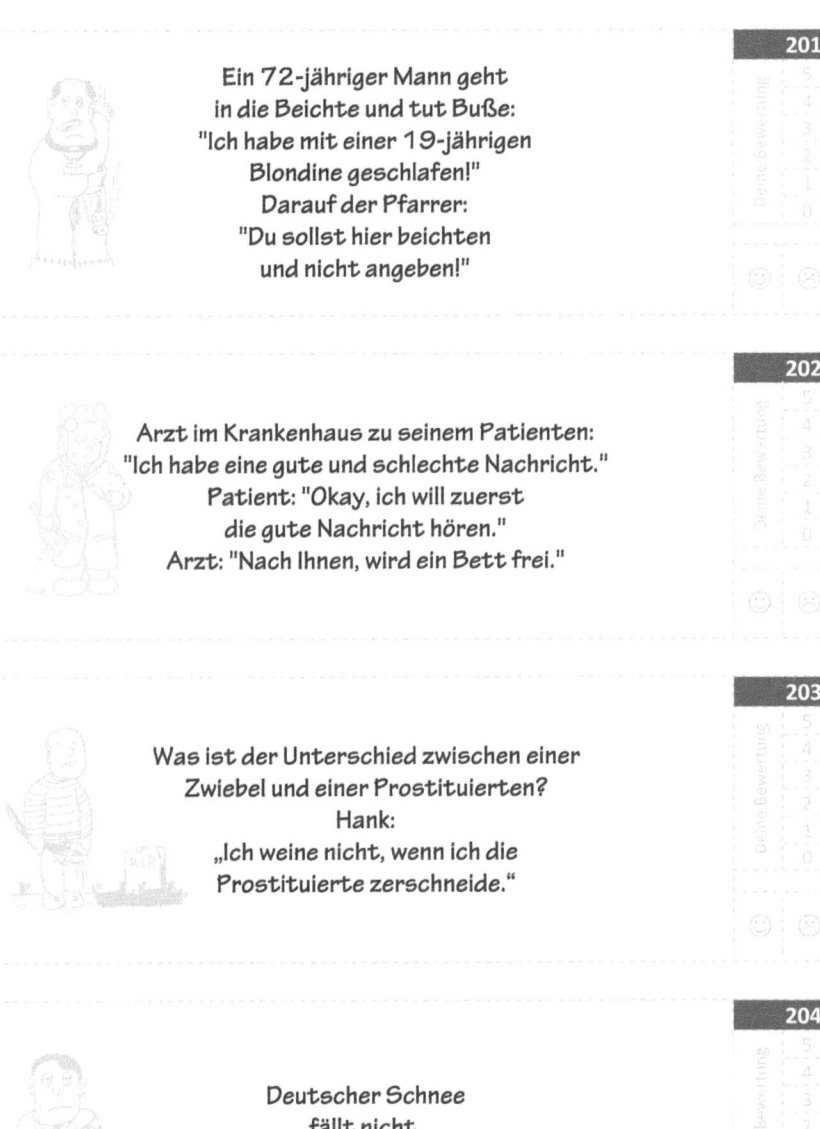

201.

Ein 72-jähriger Mann geht
in die Beichte und tut Buße:
"Ich habe mit einer 19-jährigen
Blondine geschlafen!"
Darauf der Pfarrer:
"Du sollst hier beichten
und nicht angeben!"

202.

Arzt im Krankenhaus zu seinem Patienten:
"Ich habe eine gute und schlechte Nachricht."
Patient: "Okay, ich will zuerst
die gute Nachricht hören."
Arzt: "Nach Ihnen, wird ein Bett frei."

203.

Was ist der Unterschied zwischen einer
Zwiebel und einer Prostituierten?
Hank:
„Ich weine nicht, wenn ich die
Prostituierte zerschneide."

204.

Deutscher Schnee
fällt nicht,
er besetzt
das Gebiet!

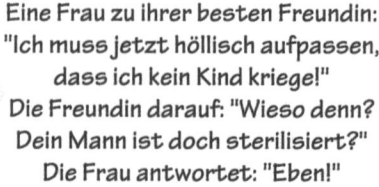

205.

Eine Frau zu ihrer besten Freundin:
"Ich muss jetzt höllisch aufpassen,
dass ich kein Kind kriege!"
Die Freundin darauf: "Wieso denn?
Dein Mann ist doch sterilisiert?"
Die Frau antwortet: "Eben!"

206.

Neulich in der Schule.
Abdul hat drei Äpfel.
Zwei gibt er ab, an Ahmed.
Berechne den Radius der Explosion.

207.

Definition von impotent:
Man will, aber kann nicht.

Frigide:
Man kann, aber will nicht.

Senil:
Man will und kann,
weiß aber nicht mehr was.

208.

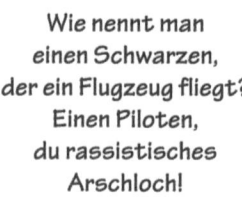

Wie nennt man
einen Schwarzen,
der ein Flugzeug fliegt?
Einen Piloten,
du rassistisches
Arschloch!

Was ist Beamten Mikado?
Wer sich zuerst
bewegt hat verloren.

Was ist so gut an einem
äthiopischen Oral-Sex?

Du weißt,
dass sie schlucken wird!

"Was hat der Junge ohne Hände
zu Weihnachten bekommen?",
fragt die Nachbarin neugierig im April.
Antwortet Michael:
"Handschuhe! Nein, nur ein Scherz.
Er hat sein Geschenk immer
noch nicht ausgepackt."

Wie viele Polizisten braucht man,
um eine Glühbirne auszutauschen?
Keinen.
Sie verhaften die Glühbirne,
weil sie kaputt ist
und schlagen den Raum,
weil er schwarz ist.

213.

Damals, als kleines Mädchen,
auf diversen Hochzeitsfeiern,
sagten die Bekannten immer zu mir breit grinsend:
"Du bist die Nächste!"
Jetzt habe ich den Spieß umgedreht und
mache dasselbe auf Beerdigungen.
Jedoch bin ich die Einzige die lacht.

214.

Was ist der Unterschied zwischen
Rassismus und Chinesen?
Rassismus hat viele Gesichter.

215.

08:00 Uhr morgens auf der Dienststelle.
Beamter zum anderen Beamten:
"Komm Heinrich, genehmigen wir uns
zum Frühstück einen schönen Wodka-O."
"Um die Uhrzeit?"
"Ok, dann nur Wodka."

216.

Kommt ein Maskierter Mann in die Samenbank.
Mit erhobener Waffe bedroht er die Frau hinter dem Tresen.
Er zeigt auf ein gefülltes Reagenzglas im Regal:
"Trink das! Oder du stirbst!"
Zunächst guckt die Frau ängstlich,
trinkt das Glas aber letzten Endes leer.
Er zeigt auf das nächste Glas
woraufhin sie auch dieses trinkt.
Der Mann zieht seine Maske ab und sagt:

"Siehst du, Schatz? GEHT DOCH!"

Was hat Gott gesagt,
als er den ersten Schwarzen erschuf?
"Verdammt, ich habe einen verbrannt."

Michael:
"Ich fürchte meine Frau geht fremd!"
Timo:
"Warum?"
Michael:
"Wir sind von Frankfurt
nach Berlin gezogen
und haben immer noch
denselben Briefträger!"

Slim Jim sitzt in einem Restaurant, vor sich einen Teller Gulaschsuppe. Kommt ein anderer Herr herein und fragt, warum Slim
denn seine Gulaschsuppe nicht esse würde, woraufhin dieser nur
mit den Schultern zuckt. Darauf fragt der Herr, ob nicht ER diese
feine Gulaschsuppe haben dürfe. Slim nickt nur. So löffelt der
Herr nun die Suppe, bis er auf den Grund des Tellers trifft. Dort
liegt ein abgetrennter Finger. Sofort kotzt er alles wieder in den
Teller. Darauf Slim grinsend:
"Soweit war ich vorhin auch schon mal!"

Warum sind Gleichstellungsbeauftragte
immer weiblich?
Weil es billiger ist.

Kommt ein Besoffener nachhause und möchte kotzen.
Er öffnet den Mülleimer und schaut hinein.
Im Mülleimer liegt ein zerbrochener Spiegel.
Der Besoffene sagt: "Da liegt ja ein Toter drin!",
und ruft sofort die Polizei an.
Die Polizei erscheint natürlich
kurze Zeit später am Tatort.
Der Beamte öffnet auch den Mülleimer,
schaut hinein und sagt:
"Mein Gott, das ist ja einer von uns!"

Ein Mann ruft aus der Menge:
"Sie ist eine Hexe. Verbrennt sie!"
Meint Pedro: "Aber sie ist doch hübsch."
Der Mann: "Dann verbrennt sie danach!"

Paranoia ist, wenn man
die Klotür verriegelt,
obwohl man allein Zuhause ist.
Schizophrenie ist,
wenn es dann anklopft.

Ich habe neulich
eine Frau vergewaltigt
und sie rief:
"Bitte, denk an meine Kinder!"
Was ne versaute Tante.

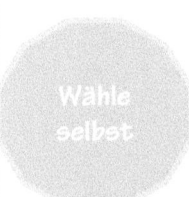

Wähle
selbst

Wie fängt jeder
schwarze Witz an?

Mit einem ersten Blick
über die Schulter.

Deine Bewertung

5
4
3
2
1
0

☺ ☹

Punkteverteilung

201												
202												
203												
204												
205												
206												
207												
208												
209												
210												
211												
212												
213												
214												
215												
216												
217												
218												
219												
220												
221												
222												
223												
224												
225												
Σ												

BEREIT FÜR DAS NÄCHSTE LEVEL?

READY FOR THE NEXT LEVEL ?!?!?

LEVEL 10: *Innere Leichenstarre*

226.

Jesus läuft durch die Wüste und sieht dort einen weinenden, alten Mann sitzen. Jesus: "Alter Mann, warum weinst Du?" Mann: "Ich habe meinen Sohn verloren und finde ihn nicht mehr." Jesus: "Ich glaube, ich kann Dir helfen. Woran erkennt man ihn denn?" Mann: "Er hat Löcher an Händen und Füßen..." Jesus völlig euphorisch: "VATER!" Der Mann: "PINOCCHIO!"

227.

"Sie müssen beim Ausfüllen des Totenscheines mehr Sorgfalt walten lassen," mahnt der Arzt seinen jungen Assistenten. "Sie haben schon wieder in der Spalte mit der "Todesursache" Ihren eigenen Namen eingetragen!"

228.

Ein Bauarbeiter ist vom Gerüst gestürzt und gestorben. Der Chef sucht einen Freiwilligen, um die Ehefrau zu benachrichtigen. Hank meldet sich sofort freiwillig und geht los. Nach einer Weile kommt er zurück und trägt einen Kasten Bier auf der Schulter. "Wo hast du das Bier her, Hank?", will der Chef wissen. Dieser antwortet: "Ich ging zum Haus des Verstorbenen und begrüßte seine Frau mit: 'Guten Tag, Frau Witwe Marx!'. Da sagte sie zu mir ,Ich bin keine Witwe!' Darauf erwiderte ich: Wetten wir um einen Kasten Bier?'"

229.

Alfonso arbeitet als Aushilfslehrer an einer Grundschule in Berlin-Mitte: "Heinrich, buchstabiere das Wort "Papa"!" Heinrich: "P A P A". Alfonso ist zufrieden, gibt ihm eine eins und geht die Reihe weiter: "Eva, buchstabiere das Wort "Mutter"! Eva: "M U T T E R". Alfonso gibt Eva die gleiche Note, sieht sich um und geht zum Nächsten: "Serkan, buchstabiere das Wort "Ausländerdiskriminierung"!"

Warum legen sich Borderliner gerne
abergläubig unter Kühe?
Sie hoffen auf Milchschnitte.

Älterer Herr bei der Reparaturannahme:
"Ich habe hier einen kaputten Wecker.
Lohnt sich das noch?"
"Naja, ich weiß nicht. Wie alt sind sie denn?"

Klein Knut und klein Karl sitzen Weihnachten
zusammen am Esstisch. Knut
bekommt super viele Geschenke
und Karl nur ein paar.
Knut: "Könnte es sein,
dass unsere Eltern mich lieber haben als dich."
Karl: "Könnte es sein, dass du Krebs hast?"

Auf dem Dach eines sehr hohen Gebäudes stehen vier Männer.
Einer ist asiatischer Herkunft, einer mexikanisch, einer ist
schwarz und der Letzte ist kaukasisch.
Der Asiat geht zum Sims und sagt:
"Das ist für alle meine Leute", und springt vom Dach.
Als nächstes geht der Mexikaner zum Felsvorsprung und sagt:
"Das ist für alle meine Leute." Dann springt auch er vom Dach.
Als nächstes ist der Schwarze an der Reihe.
Der Schwarze geht zum Sims und sagt:
"Das ist für alle meine Leute."
Dann wirft er den Weißen vom Dach.

234.

"Sie werden zu 500 Euro Geldstrafe
wegen Beamtenbeleidigung verurteilt!",
schließt der Richter die Verhandlung.
"Möchten Sie dazu noch etwas sagen?"
Erwidert der Angeklagte:
"Im Prinzip schon, aber bei den
Preisen verzichte ich lieber."

235.

Ein Ehepaar sieht sich abends
eine Tier-Doku an,
woraufhin die Frau fragt:
"Schatz, findest du nicht auch,
dass die Nagetiere
dumm und gefräßig sind?"
Darauf er: "Ja, mein Mäuschen."

236.

Timo trifft auf den traurigen Michael. "Hi, du! Na, wie geht es
dir?", fragt Timo sofort. "Furchtbar, letzte Woche ist meine Frau
gestorben." – "Um Gottes Willen! Was hat sie denn gehabt?" –
"Ein kleines Einzelhandelsgeschäft und paar tausend auf der
Bank." – "Nein, ich meine, was hat ihr gefehlt?" – "Ein Bauplatz,
um das Geschäft zu erweitern." – "Das mein ich doch nicht! An
was ist sie gestorben?" – "Ach so! Sie ging in den Keller, um für
das Mittagessen Sauerkraut und Kartoffeln hochzuholen. Auf
der Treppe ist sie ausgerutscht, gefallen und hat sich schließlich
das Genick gebrochen." Timo ist am Boden zerstört. "Das ist ja
furchtbar! Und was hast Du da gemacht?" – "Nudeln."

237.

Polizist bei der Vernehmung zum Verdächtigen:
"Wo waren Sie gegen 5 und 6?"
Angeklagter: "Im Kindergarten!"
Polizist:
"Entweder sind Sie ein Witzbold
oder genau der, den wir suchen!"

Karl zu seiner Mutter:
"Du hast mich angelogen!"
Mutter: "Warum?"
Karl: "Du sagtest, dass mein kleiner
Bruder ein Engel sei."
Mutter: "Aber das ist er doch."
Karl: "Und warum ist er dann nicht geflogen,
als ich ihn vom Balkon geworfen hab?!"

Warum lösen Flüchtlinge
derzeit keine Kreuzworträtsel?
Weil sie Angst haben
die Rückreise zu gewinnen.

Eine Frau mit großen Brüsten bat Timo
letztens im Fahrstuhl, für sie
die Zwei zu drücken.
Plötzlich ist die Situation eskaliert.

Was haben Frauen und
Handgranaten gemeinsam?
Wenn du den Ring abziehst,
ist dein Haus weg.

Wie bekommt man
elf Millionen Follower?
Man läuft mit einer
Wasserflasche durch Afrika.

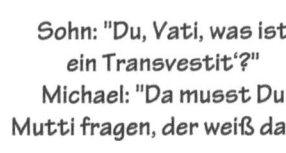

Sohn: "Du, Vati, was ist
ein Transvestit'?"
Michael: "Da musst Du
Mutti fragen, der weiß das!"

Was hört man, wenn man sich
einen Döner ans Ohr hält?
Das Schweigen der Lämmer.

Petra geht im Supermarkt einkaufen und
hat an der Kasse folgende Artikel im Korb:
1x Seife, 1x Zahnbürste, 1x Zahnpasta, 1x Brot,
einen Liter Milch, 1x Backofenpizza
und einen Joghurt. Der Kassierer sieht die Frau an,
lächelt und sagt: "Single, hm?"
Die Frau lächelt schüchtern zurück und fragt:
"Wie haben Sie das rausgefunden?"

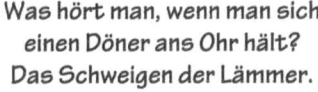

Er antwortet: "Sie sind hässlich!"

Ich hasse Doppelmoral.
Verbrenne einen Körper
in einem Krematorium und du bist
"ein respektvoller Freund".
Tu es zu Hause und du
"zerstörst Beweise".

Ein Nagelhersteller möchte Werbekampagne machen
und beauftragt dafür eine berühmte Werbeagentur.
Eine Woche später prangt ein Plakat mit dem
gekreuzigten Jesus an der Firmenfassade mit dem Text:
"Meiers Nägel halten alles."
Der Firmenchef ist empört und verlangt eine
Änderung des Plakats. Am nächsten Morgen ist auf
dem Plakat das Kreuz zu sehen, davor liegt Jesus
am Boden und der Text sagt:
"Mit Meiers Nägeln wäre das nicht passiert."

Geht eine Frau zum Arzt und ruft ganz aufgeregt:
"Herr Doktor, Herr Doktor ich bin schwanger!"
Nach 15 Minuten Untersuchung antwortet der Arzt:
"Sie sind nicht schwanger. Und bitte... schieben
Sie die Tampons in Zukunft nicht einfach nach."

Lehrerin zur Klasse:
"Was können Frauen,
was Männer nicht können?"
Stimmen aus der Klasse:
"Ihre Tage haben!"
"Kinder kriegen!"
"Nach dem Tod noch Sex haben."

Wähle
selbst

Mutter:
"Ertränkt den Hurensohn!"

Tochter:
"Bitte, Oma, wir sind
hier auf der Taufe."

Deine Bewertung

5
4
3
2
1
0

☺ ☹

Punkteverteilung

226												
227												
228												
229												
230												
231												
232												
233												
234												
235												
236												
237												
238												
239												
240												
241												
242												
243												
244												
245												
246												
247												
248												
249												
250												
Σ												

BEREIT FÜR DAS NÄCHSTE LEVEL?

READY FOR THE NEXT LEVEL ?!?!?

251.

Gott zu Adam:
"Wo ist Eva?"
Adam:
"Die ist eben im Meer
schwimmen gegangen."
Gott:
"Verdammt. Den Gestank bekomme
ich doch nie mehr aus den Fischen raus."

252.

Ein Arzt hatte gerade Sex mit seinem Patienten
und ein total mieses Gewissen. *Wusch*
Kommt das Teufelchen auf die rechte Schulter:
"Hey, komm, mach dir nicht so 'nen Kopp!
Viele Ärzte hatten schon Sex mit ihren Patienten..."
Der Engel auf der anderen Schulter unterbricht ihn sofort:
"Ja, aber du bist Tierarzt, Alter.... Tierarzt...!"

253.

Hank läuft mal wieder total gelangweilt durch den Wald.
Kurze Zeit später kommt ihm eine weinende Frau entgegen.
Die Klamotten vollkommen zerrissen,
klaffende Wunden am ganzen Körper.
Fragt Hank: "Mein Gott, Kind, was ist denn passiert?"
Sie antwortet: "Wir hatten einen Autounfall. Mein Mann ist tot,
der Akku ist leer. Ich kann keinen Notarzt rufen und ich habe mich
verlaufen." Er öffnet seine Hose und sagt:

"Heute ist wohl nicht dein Tag."

254.

Was ist der Unterschied zwischen
einem Arzt und einem Polen?
Der Pole weiß, was dir fehlt!

Auf der Säuglingsstation tuscheln die
Hebamme über Petra. Ihr Kind ist schwarz,
hat blonde Haare und Augen asiatischer Herkunft.
Sagt die Hebamme zu Petra:
"Eigentlich geht es mich ja nichts an,
aber an ihrer Stelle wäre ich in Zukunft
beim Gruppensex vorsichtiger."

Petra:
"Was heißt hier vorsichtiger?
Gott sei Dank, bellt es nicht."

Was sagt der Betreuer
abends im Altersheim?
Ab in die Kiste!

Karl macht eine Durchsage auf der Titanic:

"Hiermit nominieren wir alle Passagiere
für die Ice-Bucket-Challenge!"

Kommt ein Schwarzer zum Wahrsager.
Sagt der Schwarze:
"Ich habe gehört, sie können hellsehen."
Antwortet der Wahrsager:
"Im Moment seh' ich nur schwarz."

Sitzt eine Frau mit ihrem behinderten Kind im Zugabteil. Kommt ein Mann vorbei und sagt: "Mann, sieht Ihr Kind hässlich aus!" Die Frau ist fix und fertig und setzt sich mit ihrem Kind weinend in ein anderes Abteil. Kurze Zeit später kommt Timo sturzbesoffen vorbei und fragt die Frau: "Was haben sie denn?" Sie erzählt ihm die Geschichte von vorhin, woraufhin Timo antwortet "Warten Sie mal, ich hol uns mal Kaffee. Den haben wir wohl beide jetzt bitter nötig!" Kurze Zeit später kommt er wieder und sagt, "So, junge Frau, hier ihre Tasse Kaffee. Nehmen Sie erstmal einen kräftigen Schluck und beruhigen sich wieder! Und für den Affen da hab ich 'ne Banane mitgebracht."

Geht ein Obdachloser mit seinen zwei Freunden Bob und Slim Jim zu einem Burger-Laden. Fragt er: "Haben sie drei Zahnstocher für mich und meine Freunde?" Der Mann gibt ihm die Zahnstocher. Nach fünf Minuten kommen die Männer wieder und fragen, ob sie drei Strohalme haben könnten. Darauf der Mitarbeiter: "Wofür braucht ihr das denn alles?" Slim Jim: "Da vorne hat einer hinge-kotzt und die großen Stückchen sind schon weg!"

Michael in einer Kneipe zu
seinem Freund Slim Jim:
"Hast du deine Alte schon einmal
in das andere Loch gepoppt?"

Antwortet dieser:
"Um Gottes Willen, nein...
wir wollen doch keine Kinder!"

Was hindert dich daran,
du selbst zu sein?
Das Strafgesetzbuch.

101

Eine 73-jährige Witwe gibt eine Kontaktanzeige auf:
"Suche Mann, 60 bis 75 Jahre.
Soll mich nicht schlagen, nicht treten und
es mir gut besorgen können."
Drei Tage später klingelt es an der Tür.
Sie macht auf und sieht einen Mann ohne
Arme und Beine vor der Tür. Sie fragt: "Was wollen sie hier?"
Er: "Ich bin wegen der Anzeige gekommen!" Sie: "Aber sie haben
gar keine Arme!" Er: "Also schlage ich sie nicht!" Sie: "Aber sie ha-
ben auch keine Beine!" Er antwortet: "Darum trete ich sie auch
nicht!" Sie fragt verdutzt: "Aber wie wollen Sie es mir besorgen?"
Er: "Och, kommen sie! Ich hab ja immerhin geklingelt!"

Neulich in einer Bibliothek
des dritten Reiches:
"Hallo, haben sie dieses Buch?"

"Nein, aber wir haben den Autor."

Timo: "Hey Marek, stell Dir vor,
ich werde Vater."
Marek: "Und warum machst
Du so ein trauriges Gesicht?"
Timo: "Naja, ich muss es noch
meiner Frau beibringen."

Kommt ein Terrorist zu McDonald's.
Fragt ihn die Verkäuferin: "
Was möchten sie essen?"
Daraufhin der Terrorist:
"Danke, nichts, ich platze eh gleich!"

Man darf nicht immer
alles nur negativ sehen.
Statistisch gesehen, ist
Afrika der Kontinent,
auf dem die wenigsten
Kinder in Brunnen fallen.

Michael zu seiner Frau:
"Hey, Schatz.
Warum ist das Internet
wieder so langsam?"

Sie:
"Entweder lädt dein Sohn
wieder Pornos runter
oder deine Tochter welche hoch."

Slim Jim kommt zum Optiker.
"Hallo, guter Mann...
Haben Sie eventuell eine Brille,
die zu mir passt?"
Optiker: "Natürlich, werter Herr...
Hinten auf der Kundentoilette."

Warum schaffen Borderliner es kaum,
irgendein Buch zu Ende zu lesen?

Jede Seite geht zu tief unter die Haut.

Ein Mann wird während einer nächtlichen Autofahrt
von der Polizei angehalten.
Der Beamte nimmt die Personalien des Mannes auf.
Dieser fragt ihn schließlich, weshalb sie ihn denn überhaupt
angehalten hätten. Der Polizist antwortet:
"Wir suchen einen Vergewaltiger."
Der Autofahrer überlegt und entgegnet:
"Na gut, ich mach's ... was springt denn dabei für mich raus?"

"Wer weiß, was bei Menschen im Zustand
der Erregung bis zu sechsmal größer wird?",
möchte der Religionslehrer von einer Schülerin
wissen. Die Gefragte errötet stark und schweigt.
Daraufhin der Lehrer. "Na gut, es ist die Pupille.
Und Ihnen, meine Liebe, würde ich raten,
nicht mit zu großen Erwartungen in die Ehe zu gehen!"

Ein Ehepaar beim Arzt. Die Frau ist schwanger.
Während dem Ultraschall fragt der Mann:
"Und Herr Doktor, was wird es, ein Junge
oder eine Abtreibung?"

Was erhält man, wenn man
menschliche DNA mit
der DNA einer Ziege mischt?
Hausverbot im Streichelzoo.

Eine sehr unattraktive, ungepflegte Frau
ging mit ihren beiden herumschreienden
Kindern durch den Eingang des Bauhauses.
Es ist eine Jubiläumsfeier.
Die Dame am Empfang sagte freundlich:
"Guten Morgen und herzlich willkommen im Bauhaus.
Nette Kinder, die Sie da haben. Sind das Zwillinge? "

Die Frau pöbelte die freundliche Empfangsdame an:
"Verdammt, nein, das sind keine Zwillinge.
Der Große ist neun, die Kleine acht. Warum zum Teufel glaubst du
blöde Kuh, dass es Zwillinge sind?
Bist du blind, oder einfach nur saudumm?"

"Gnädige Frau, ich bin weder blind noch dumm...",
erwiderte die Empfangsdame,
"...ich konnte nur einfach nicht glauben, dass es jemanden gibt,
der Sie zweimal besteigen würde!"

Punkteverteilung

251												
252												
253												
254												
255												
256												
257												
258												
259												
260												
261												
262												
263												
264												
265												
266												
267												
268												
269												
270												
271												
272												
273												
274												
275												
Σ												

BEREIT FÜR DAS
NÄCHSTE LEVEL?

READY FOR THE
NEXT LEVEL ?!?!?

276.

Pedro zu seinem Priesterkollegen:
"Mann, was die mir bei der Beichte
manchmal erzählen.
Da geht mir der Hut hoch."
Der Kollege: "Du trägst einen Hut
bei der Beichte?"
Darauf Pedro:
"Nein. Der liegt immer
auf meinem Schoß."

277.

Der Arzt bittet seinen Patienten in den
Behandlungsraum und sagt:
"Ich habe eine gute und
schlechte Nachricht für sie."
Sagt der Patient: "Okay, dann sagen
sie mir erst die Gute." Sagt der Arzt:
"Nach ihnen wird demnächst
eine Krankheit benannt."

278.

Hank: "Ich habe heute bei der
Vergewaltigungshotline angerufen.
Ist aber scheinbar nur was für Opfer."

279.

Ein 85 Jahre alter Mann kommt in eine
Amsterdamer Sprachschule um hebräisch zu lernen.
"Finden Sie nicht, dass das nicht etwas spät ist?" –
"Wenn ich meinem Schöpfer gegenüberstehe,
möchte ich mit seiner Sprache mit ihm sprechen können."
Darauf der Lehrer: "Und wenn Sie in die Hölle kommen?" -
"Ein wenig „deutsch" kann doch jeder ..."

Borderline-Hochzeiten sind was
ganz Besonderes.
Hier wird traditionell nicht
die Hochzeitstorte,
mit dem Pärchen oben darauf,
angeschnitten,
sondern das Pärchen selbst.

Lehrerin befragt ihre Schüler der hiesigen Grundschule:
"Was macht euch am meisten Angst?"
Andrea (6): "Spinnen."
Tanja (7): "Hunde."
Bernd (6): "Die Ungewissheit über das Unbekannte,
welche Qualen uns nach unserem Tod
im Anschluss an ein leidvolles Leben erwartet."
Beate (6): "Bernd."

Was ist der Unterschied zwischen
einem Politiker und einem Telefonhörer?
Den Telefonhörer kann man aufhängen,
wenn man sich verwählt hat.

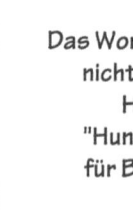

Das Wort "Neger" wird heute
nicht mehr verwendet.
Heute heißt es
"Hungernde Fachkraft
für Baumwolllogistik."

Abtreibungen werden neuerdings von
Beamten ins Familienstammbuch
eingetragen. Unter:
"Entfernte Verwandte".

90 % der Frauen finden ihren Arsch zu dick,
5 % für zu dünn und nur 5 %
sind mit ihm so zufrieden,
wie er ist und froh,
dass sie ihn geheiratet haben.

Kommt ein Kind zu seinem Vater und fragt:
"Papa, warum heiße ich eigentlich Feder?"
Vater: "Weil bei deiner Geburt eine Feder
auf deinen Kopf gefallen ist!"
Kommt das zweite Kind zum Vater und fragt:
"Papa, warum heiße ich eigentlich Schneeflocke?"
Vater: "Weil bei deiner Geburt eine Schneeflocke
auf deinen Kopf gefallen ist!"
Kommt das dritte Kind zum Vater:
"Grmpf grimpf mrrrpfl brmmmpf?!"
Vater: "Halt's Maul, Backstein!"

Eine Politesse kommt an einen Behindertenparkplatz,
auf dem gerade ein Porsche zum Stillstand kommt.
Sie spricht den offensichtlich körperlich
unbeeinträchtigten Fahrer direkt an:
"Das ist ein Behindertenparkplatz!"
Der Porsche-Fahrer: "Ich bin behindert!" –
"So, welche Behinderung haben Sie denn?" –
"Tourette-Syndrom, du F....!"

109

"Statt dir hätte ich lieber
den Teufel heiraten sollen!",
schreit die Frau ihren Mann an.
Darauf dieser:
"Ehen unter Geschwistern
sind aber verboten!"

Alfonso kommt mit einem jüdischen Mädchen
ins Gespräch und zwischen beiden funkt es.
Als sie ihn nach seiner Nummer fragt,
antwortet dieser: "Wir haben inzwischen Namen."

Timo zu seinem Saufkumpel:
"Meine Freundin ist schwanger."
"Hey, Glückwunsch. Was wird es?"
Darauf Timo:
"Eine alleinerziehende Mutter."

Ein norwegischer Anwalt trifft einen Kollegen nach Jahren in einer
Kneipe. Der Anwalt ist deprimiert und klagt über sein Leid bzgl.
seines aktuellen Falles, den er wohl verlieren wird. Sein Kollege
versucht ihn aufzubauen und zu ermutigen: "Ich habe bisher jeden
Fall gewonnen. Das Geheimnis ist, dass die Geschworenen den
Angeklagten mögen. Das bekommst du auch hin."
Der Anwalt jammert: "Das kannst du vergessen. Mein Fall
ist Anders. Sie hassen ihn, weil er Anders ist."
Darauf der Freund: "Das bildest du dir doch nur ein.
Wie heißt dein Mandant?"
Er antwortet: "Breivik."

Was ist eigentlich dieser Strichcode,
den man auf so ziemlich
jeder Verpackung sieht?
- Ein Familienfoto aus Äthiopien -
Und was bedeuten die Zahlen darunter?
Das ist die Lebenserwartung.

Zwei Männer kommen aus einer Kneipe.
Da meint der eine total Besoffen:
"Eeehy, Arsch..loch...
ischhh hhhab deine Mutter gefickt!"
Der andere Mann sagt nichts und sieht
einfach schweigend darüber hinweg.
Da fängt der andere wieder an:
"Ey, hasczht du gehört? Ich hab deine Mutter gefickt."
Daraufhin macht auch der andere Mann
den Mund auf und sagt:
"Vater, du bist betrunken, geh endlich nach Hause!"

Was ist der Weltrekord im Weitsprung
der dicken Leprakranken?
Sechs Quadratmeter.

Was ist grün und blau und hat
absolut keinen Bock auf Sex?
Die Neue im Frauenhaus.

Neulich bei der Polizeikontrolle. Polizist: "Fahrzeugpapiere und aussteigen bitte, ich denke, Sie sind betrunken!" Michael: "Herr Wachtmeister, ich versichere Ihnen, ich habe nichts getrunken!" Polizist: "Na dann machen wir einen kleinen Test! Stellen Sie sich vor, Sie fahren im Dunkeln auf einer Straße. Da kommen Ihnen zwei Lichter entgegen, was ist das?" Michael: "Ein Auto." Der Polizist: "Na klar! Aber welches? Ein Mercedes, ein Audi oder ein BMW?" Michael: "Keine Ahnung!" Polizist: "Also doch betrunken." Michael: "Garantiert nicht!" Polizist: "Okay, noch ein Test: Stellen Sie sich vor, Sie fahren im Dunkeln auf einer Straße, da kommt Ihnen ein Licht entgegen, was ist das?" Michael: "Na ich denke ein Motorrad!" Der Polizist: "Na klar! Aber welches? Eine Honda, eine Kawasaki oder eine Harley?" Michael: "Ey Mann, keine Ahnung!" Polizist: "Wie ich sagte: Betrunken!" Michael wird langsam sauer, worauf dieser eine Gegenprobe macht: "So, Herr Wachtmeister, Gegenfrage: Es steht eine Frau am Straßenrand. Sie trägt einen Mini, Netzstrümpfe und hochhackige Schuhe. Wer ist das?" Polizist: "Das ist einfach. Eine Prostituierte." Michael: "Ja klar, aber welche? Ihre Tochter, ihre Frau oder ihre Mutter?"

Am Himmelstor erscheint ein Mann.
Petrus macht die Pforte auf und der Mann sagt:
"Hallo, ich bin der Hu...", und ist auf einmal
wieder verschwunden. Verärgert schließt Petrus
die Pforte wieder. Plötzlich ist der Mann wieder
da und Petrus öffnet. "Hallo, ich bin der Hu..." –
und wieder ist er auf einmal weg.
Als das Ganze noch ein drittes Mal passiert,
geht Petrus sauer zum lieben Gott und erzählt ihm die
Geschichte. Der liebe Gott antwortet:
"Ach, das ist der Hubert.
Der hatte einen Verkehrsunfall und wird gerade reanimiert."

"Herr Doktor. Ist es eine
seltene Krankheit, die ich habe?"
Der Arzt:
"Iwo. Die Friedhöfe sind voll davon."

Was ist der Unterschied zwischen
Jesus und einem Bild von Jesus?
Bei dem Bild braucht man nur einen Nagel.

"Ein armer Mann, welcher weder viel Geld noch eine hübsche Frau hat,
fährt täglich mit seinem Boot auf die See hinaus zum Fischen. Eines Tages beißt ein dicker Brocken an, den er nur mit Mühe und Not auf das
Boot ziehen kann. Doch statt einem Fisch fängt er einen Pinguin. Pinguin:
"Ich bin der Wunsch-Pinguin! Weil du mich gefangen hast, hast du nun einen Wunsch frei." Der Mann überlegt kurz, denkt an seine schlechte fi-
nanzielle Lage und spricht: "Wenn das so ist, wünsche ich mir 100 Milli-
arden Euro auf mein Bankkonto!" *schnipp* - Schon hat er das Geld.
In den folgenden Jahrzehnten lebt er glücklich und zufrieden mit seinem
vielen Geld und genießt das Leben. Doch irgendwann bemerkt er, dass ihn
das ganze Geld auch nicht mehr glücklich machen kann und er beschließt,
den Wunsch-Pinguin erneut zu fangen, um eine tolle Frau zu bekommen.
Also fährt er erneut auf die See hinaus. Plötzlich beißt wieder ein dicker
Brocken an und wieder springt der Wunsch-Pinguin ins Boot und spricht:
"Ich bin der Wunsch-Pinguin! Weil du mich gefangen hast, hast du nun einen Wunsch frei." Der Mann überlegt nicht lange und sagt: "Ich war jahre-
lang glücklich mit meinem Geld, doch nie hatte ich eine tolle Frau! Ich will
die schönste und netteste Frau der Welt!" *schnipp* - Schon hat er eine
junge 18-jährige Blondine an seiner Seite.
Und so lebt der Mann viele, viele Jahre glücklich und zufrieden. Doch irgendwann vermisst er die alten Tage, als er noch täglich mit dem Boot
rausfuhr um zu Fischen. Also beschließt er, nochmal rauszufahren, um
einfach nur in Ruhe angeln zu können. Doch vollkommen ungewollt fängt er
wieder den Wunsch-Pinguin, welcher sogleich wieder spricht: "Ich bin der
Wunsch-Pinguin! Weil du mich gefangen hast, hast du nun einen Wunsch
frei." Der Mann entgegnet: "Du hast mir bereits zwei Wünsche erfüllt,
mit denen ich restlos zufrieden bin. Ein weiterer Wunsch ist wirklich
nicht nötig!" Der Wunsch-Pinguin jedoch beharrt darauf, dem Mann den
Wunsch zu erfüllen. Als der Mann bemerkt, dass er keine Wahl hat,
spricht er zum Pinguin: "Na, wenn es halt unbedingt sein muss, dann blas'
mir doch einfach einen." Gesagt, getan - Der Pinguin macht sich ans
Werk. Doch plötzlich - *schnipp* - verwandelt sich der Pinguin in einen
kleinen 15-jährigen Jungen.

...und genau so hat es sich zugetragen, Herr Richter!"

Punkteverteilung

276												
277												
278												
279												
280												
281												
282												
283												
284												
285												
286												
287												
288												
289												
290												
291												
292												
293												
294												
295												
296												
297												
298												
299												
300												
Σ												

BEREIT FÜR DAS
NÄCHSTE LEVEL?

READY FOR THE
NEXT LEVEL ?!?!?

Persönliches Humor-Profil

Σ												
A												
Ø												

Schritt 1: Um Ihr persönliches Humor-Profil zu erstellen, bilden Sie zunächst je Level die jeweiligen Teil-Summen (Σ) Ihrer Bewertungen für jede Spalte bzw. Figur. Zählen bzw. addieren Sie im Anschluss die Anzahl (A) der Witze je Spalte bzw. Figur. Nun dividieren Sie die Gesamtsumme (Σ) durch die Gesamtanzahl (A) und erhalten je Spalte bzw. Figur einen Durchschnittswert (Ø) zwischen 0 und 5. Diesen Wert zeichnen Sie im Anschluss auf der jeweiligen Linie je Figur mit einem Punkt oder Kreutz unten ein. Verbinden Sie nun alle Punkte und Sie erhalten

Ihr persönliches Humor-Profil:

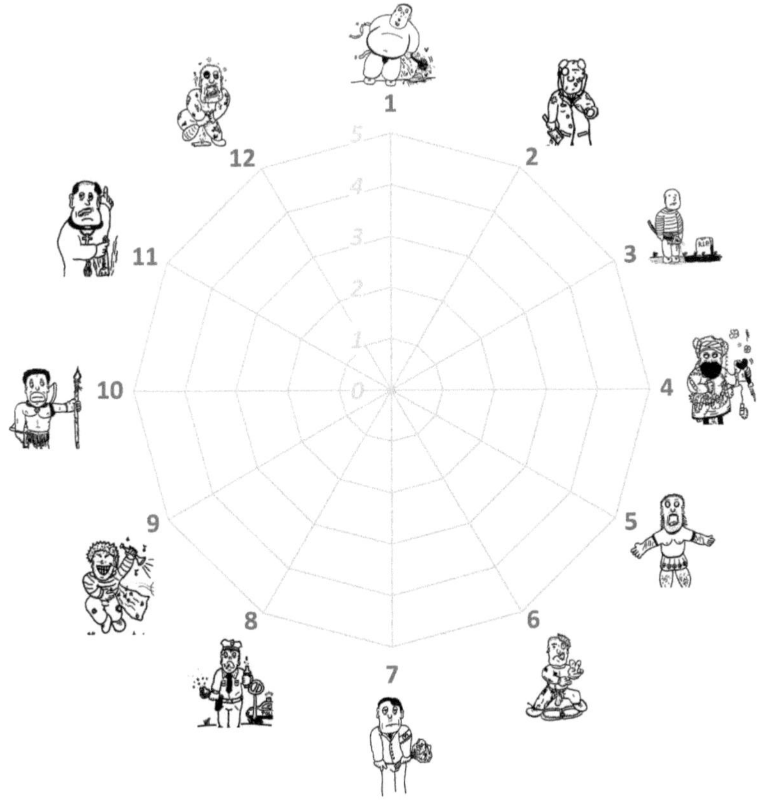

Persönliches Humor-Profil

Schritt 2: Übertragen Sie die jeweiligen Durchschnittswerte (Ø) je Spalte von der vorherigen Seite und addieren Sie diese zu einem Gesamtwert (ΣØ). Anschließen dividieren Sie diesen Wert durch die Anzahl der Figuren (A = 12) und Sie erhalten Ihren persönlichen Eingruppierungswert (▶). Finde anhand des Wertes nun heraus, welcher Humor-Typ du bist:

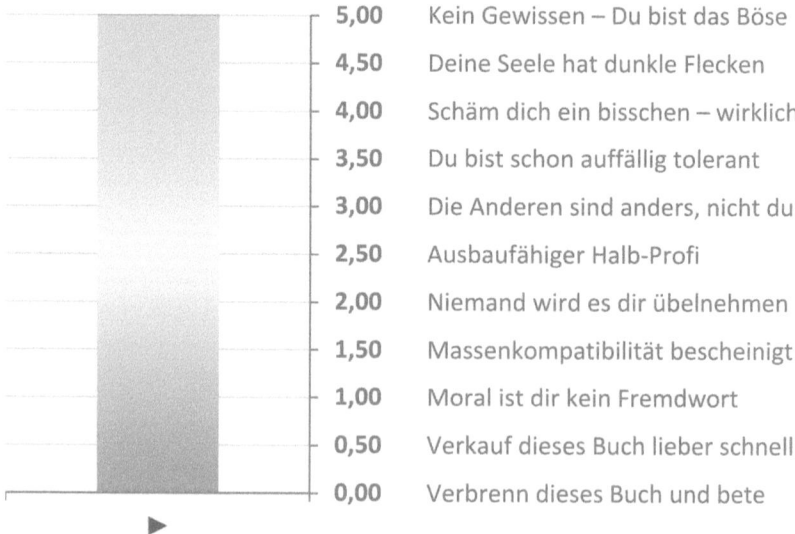

5,00	Kein Gewissen – Du bist das Böse
4,50	Deine Seele hat dunkle Flecken
4,00	Schäm dich ein bisschen – wirklich
3,50	Du bist schon auffällig tolerant
3,00	Die Anderen sind anders, nicht du
2,50	Ausbaufähiger Halb-Profi
2,00	Niemand wird es dir übelnehmen
1,50	Massenkompatibilität bescheinigt
1,00	Moral ist dir kein Fremdwort
0,50	Verkauf dieses Buch lieber schnell
0,00	Verbrenn dieses Buch und bete

Bonus: *Unersättlicher Tyrann*

301.

Tut mir leid", sagt Petrus zu dem Enddreißiger am Himmelstor, "...aber du musst schon eine gute Tat vorweisen, sonst kann ich dich hier leider nicht reinlassen." Nach kurzem Überlegen sagt der Mann: "Ich habe beobachtet, wie eine Gruppe Rocker einer alten Dame die Handtasche wegnehmen wollte. Da bin ich hingegangen, hab das Motorrad des Anführers umgestoßen, ihm ins Gesicht gespuckt und seine Braut beleidigt." – "Und wann war das?" – "Naja, das war so vor etwa drei, vier Minuten..."

302.

Was macht eine Eskimo-Frau auf einer Eisscholle? Abtreiben.

303.

Ein Baumhaus ist die ultimative Demütigung für einen Baum. "Ich hab deinen Freund getötet. Hier, halt mal!"

304.

Eine Blondine fragt einen Physiker: "Auf dem Poster an der Tür steht "Raum und Zeit sind relativ". Was bedeutet das?"

Physiker: "Haben Sie ca. drei Min. Zeit und ca. 20 cm Platz?"

305.

Sagt die Freundin zum Freund:
"Wir müssen endlich die
gleiche Sprache sprechen."

Sagt der Freund:
"Muuuuuuhhhhhhhhh"

306.

Was ist der Unterschied zwischen
schwarzen Humor und einem Tumor?

Ein Tumor kann gutartig sein!

307.

Wie heißt das Fettgewebe um die Vagina?

Frau!

308.

Was haben Homosexuelle
und Zahnstocher gemeinsam?

Beide stochern in
Essensresten herum.

Ab wie viel dürfen die
Äthiopier ins Kino?

Ab fünf Kilogramm.
Sonst klappt der Sessel hoch.

Was sagt ein Schizophrener
nach dem Sex?
Na, wer war ich?

Timo kommt nach Hause und erzählt freudig:
"Mami, Mami! Die Jungs und ich haben
heute in der Umkleide Pipimann-Vergleich gemacht.
Und ich hab den Größten von allen."
Da erwidert die Mutter mit ruhiger Stimme:
"Timo, das muss auch so sein.
Schließlich bist du ja der Klassenlehrer."

Ein Tropenforscher wird von Kannibalen gefangen.
Doch der Kannibalen-Häuptling beruhigt ihn:
"Wir sind ein zivilisierter Stamm,
der seit Jahren Entwicklungshilfe bekommt.
Sie kommen nicht in den Kochtopf!"
Der Forscher atmet erleichtert auf.
Häuptling: "Sie kommen selbst-
verständlich in die Mikrowelle!"

"Nur weil ich ein einziges Mal
was fallen gelassen habe,
bin ich gleich meinen Job losgeworden.
Also wirklich."
- Petra, 51, Hebamme

Warum ist Sex mit einer Krankenschwester
schlechter als mit einer Lehrerin?
Die Lehrerin sagt: "Wir wiederholen das Ganze!"
Die Krankenschwester sagt: "Der Nächste bitte!"

Was ist der beste Teil eines Blowjobs?
Zehn Minuten Ruhe und Frieden!

An die Frau, die immer nachts
so laut an meine Tür klopft:
"Tut mir leid,
ich lass dich nicht raus!"

50 Nonnen stehen vor Petrus Himmelspforte. Petrus: "Ein wenig Weihwasser über eure Sünden und sie sollen euch vergeben sein!" Die Erste kommt und Petrus fragt: "Hast du schon mal ein männliches Glied angefasst?" Darauf die Nonne: "Ja, aber nur an der Spitze..." Sie hält ihre Hände ins Weihwasser, die Sünde ist weg und schreitet durch das Himmelstor. Kommt die nächste und Petrus fragt erneut nach der Glied-Sünde. Sie: "Ja... und ganz leicht hin und her bewegt..." Petrus gibt erneut ein wenig Weihwasser drauf und die Sache ist vergessen. Auf einmal sieht Petrus wie sich eine Nonne vordrängelt und schreit: "Petrus, Petrus, lass mich noch schnell gurgeln bevor Schwester Petra sich das Arschloch auswäscht!"

Was ist frech?
Wenn man zu einer schwangeren Frau sagt:
"Hallo zusammen."

Und was ist pervers?
Wenn man Beiden die Hand gibt.

Ein Paar streitet heftig.
Er: "Ich will mich endlich von dir trennen!"
Darauf sie:
"Ach, und wer war immer für ich da?
Hat dir leckeres Essen gemacht
und all deine sexuellen Wünsche befriedigt?"
Er:
"Netflix, McDonalds und deine beste Freundin!"

Karl zu Felix:
"Ich war neulich bei der Prostata-Untersuchung.
Und als ich ihn gefragt hab, wo ich meine
Unterhose hinlegen solle, meinte der...
"Dort, neben meine". Alter, bin ich gerannt."

Ein externer Dienstleister zu einem Beamten:
"Guten Morgen, Herr Warfick. Sprechen wir heute über das
Organisieren von Prozessen und geeigneten Methoden. Also:
1. Wissen und verstehen, was auf einen zukommt.
2. Priorisieren der damit verbundenen Aufgaben.
3. Schritt für Schritt eine Strategie..."

Herr Warfick unterbricht ihn.
"Pardon. Ich hänge noch bei "Guten Morgen...""

Brettspiele für
eine Person?
Bügeln.

Die Frau zu ihrem Mann:
"Schatz, du warst vergangenes Jahr
in der Schweiz zum Forellen angeln, oder?"
"Ja, warum?" -
"Eine von den Forellen
hat gerade angerufen.
Sie laicht bald."

Das Leben ist eine Krankheit,
welche durch
Geschlechtsverkehr
übertragen wird
und immer tödlich endet.

Welches Wort ist falsch und
passt nicht zu den anderen?
Tripper, Inzest und Monopoly.

Antwort:
Tripper! Das andere sind Familienspiele.

Der Bachelor in Saudi-Arabien.
"Ich nehme alle!" Ende.

"Da leckt man einmal das Messer ab
und alle gucken komisch!"
- Jens (32), Chirurg

"Sag mal Mama, wolltest du damals
eigentlich einen Jungen oder ein Mädchen?"

Daraufhin die Mutter:
"Genau genommen wollte ich
eigentlich nur einen Film sehen."

Was ist bei einem
Schwarzen grundsätzlich
länger als bei einem Weißen?
Die Haftstrafe.

Warum können Frauen
eigentlich nicht boxen?
Weil sie keine Rechte haben.

Bei welchem Spielemodus verliert
ein Rollstuhlfahrer immer, obwohl er
der letzte Überlebende ist und
eigentlich das Match gewonnen wurde?
Last Man Standing.

Zwei Männer gehen nachts
am Friedhof vorbei,
als sie plötzlich ein
rhythmisches Stöhnen hören.
Neugierig gehen beide auf
den Friedhof und sehen
ein Paar beim Geschlechtsverkehr.
Schelmisch rufen
sie dem Mann zu: "Dürfen wir auch mal?"

Hank antwortet:
"Buddelt Euch selber eine aus!"

Was ist noch schlimmer,
als wenn man seinen Penis nach dem Sex rauszieht
und erkennt, dass ein geplatztes Kondom dranhängt?
Wenn man beim Reinstecken gar keins drüber hatte.

Deine Bewertung

5
4
3
2
1
0

☺ ☹

E N D E

VON SEASON 1

125

Abschlusskommentar des Autors:

Ich möchte mich bei Ihnen, dem Leser, noch einmal vielmals für Ihr Interesse an diesem Werk bedanken und hoffe, Sie hatten mindestens ebenso viel Spaß beim Lesen wie ich beim Schreiben.

Wenn Sie mir oder anderen Beteiligten Anregungen oder einen Kommentar zukommen lassen, Vorschläge unterbreiten oder Kritik äußern möchten, so bieten wir Ihnen hierzu gerne die Gelegenheit:

<u>unter:</u>
https://www.wesmoriarty.de
https://www.facebook.com/wesmoriarty
https://www.facebook.com/wesmoriarty.eviljokes

Interessiert an weiteren Werken von Wes Moriarty?

FOUR LETTERS

- Ohne Ausweg -

Ungekürzt in Ihrem Online-Shop oder stationären Handel

oder auf

Vielen Dank und bis zum nächsten Mal

Ihr

Ihr seid die Besten

Moriarty - Self - Publishing